炎の人　ペルー日系人　加藤マヌエル神父

1. 米寿を迎えての喜び（2014年）

2. 墓碑

炎の人◆目次

はじめに　10

一章　幼少時代

（一）両親のペルーへの移住　13
約束／ペルーへ／マヌエル、誕生／初めての記憶／母の教え

（二）小学校時代　18
リマ日校へ入学／百姓になりたい／初めて褒められる
全財産を失う／極貧の生活

（三）恩師　23
サケオと大地震／家庭訪問／お前は医者になれ／自慢の生徒

二章　カトリックとの出会い

（一）中学校時代　28
米川神父たち／日本語での導き／洗礼／神父になりたい
太平洋戦争の勃発

（二）小神学校時代　34
なぜフランシスコ会を選んだか／小神学校への転校／二重の勉強
外国へ出る腹を決める／卒業試験

三章　カナダ留学

（一）神父になるために　40
両親に本心を伝える／カナダへの留学／日本人への悪口

（二）修練生活　44
修練院での生活／哲学院で学ぶ／大神学院への進学
ふたりの父の死

四章　日本での修道生活

（一）日本への派遣　51
七年ぶりの故郷ペルー／叙階と挫折／日本への出国／錯覚

（二）はじめての日本　55
不思議な光景／満員電車／日本語の勉強／奇怪な日本の番地
ハチミツ・バケツ

（三）上智大学時代　60
哲学科に入学／学外見聞／日本の子どもたち
四か国語で告解を聞く

（四）日本をもっと知るために　64
栃木の夏／浦和の修練院／朱に交われば赤くなる
商店街の散歩

五章　日本での宣教

（一）初めての勤務　69

横浜の小神学校／らい病院／浦和での留守番役／長崎への旅
五島めぐり

（二）霊的指導者として　74
横浜の修道院長になる／学生に戻る／聖母病院
親友との出会い／北海道への旅

（三）従順の誓願　81
修練長に就任／文化参事官となる／宣教の道
雑感―日本の男女／雑感―日本の宗教心

六章　ペルーへの帰国

（一）マルティネス神父との二人三脚　91
再会／よろず屋／マルティネス神父

（二）西和辞書の編纂　96
日本の心を忘れないために／辞書の完成／独特の嗅覚
日系社会へ寄り添う

（三）エンマヌエル支援会　101
養老院での揉め事／深刻化する社会問題
エンマヌエル支援会の結成

七章　托鉢の旅

（一）エンマヌエルホームの建設　105
悪を善で返すため／不法定住者との交渉／第一期工事

（二）托鉢の旅の始まり　109
日本での資金集め／善意溢れる寄付／第二期工事
托鉢の旅先―仙台／托鉢の旅先―東京

（三）寄る辺ない子どもたちのために　115
伝統的精神の修養の場／規則正しい生活／チョコラターダ
子どもたちの健康管理／小さな診療所の開所

八章　小さな神の御業

（一）エンマヌエル協会と総合診療所　123
支援会から協会へ／新しい運営方針／小さな診療所の拡充
総合診療所が開所

（二）エンマヌエル憩いの家　128
日系人社会の高齢化／老人ホームが開所／苦しい運営
入居者の生活／年間行事／健康の管理

九章　夢のつづき

（一）エンマヌエルホームの終焉　138
善意の限界／運営の失敗／夢の跡

（二）エンマヌエルの子ら　141
サンチャゴ・ロマン・フローレス氏
マリリ・ミカエル・ユパンキ・シルバ氏

(三) パチャクテへの支援 147
さらに貧しい人々／パチャクテ地区／アブラン神父
若者に夢を託して

十章 愛の琴線
(一) 別の顔 154
ストレス解消法／姪の闘病／三つの家族
(二) 志を貫いて 158
名誉に執着せず／清貧を貫く
(三) 永遠の別れ 161
最期の言葉／通夜と葬儀／ペガサスの片翼

寄稿 加藤神父の思い出 196
尾形武寿氏／上田良光氏／渡邉浩平氏
野口忠行氏／田畑フロレンティーノ氏／吉開ノルマ氏
中上麻里子氏／ナンシー・コルドバ・デ・石原氏
加藤カロラ氏

付録 語録 214／あとがき 221／参考文献 228
写真出典 230／年表 231／索引

炎の人◆はじめに

加藤マヌエル神父は、ペルーの日系人社会が生んだ珠玉の宝であり、慈悲に溢れた愛の使徒であった。日本人が培ってきた民族の精神をみごと体現した存在として、日系人を精神的に支えてくれた。筆者はペルーに住む日本人として加藤神父を誇りに思う。

加藤神父の両親は日本で結婚後、ペルーへ移住した。神は加藤家に苦難を与えたが、マヌエルに生を与えた。その人生は、苦難を背負いつつ神の道を歩む修道者そのものであった。

加藤神父は、あらゆる手段を尽くして貧しい人々に近づき、彼らが何を求めているかを理解し、物心両面から必要とするものを探し、それらを与えることを使命とした。それは、決して聖職者としての平穏な人生ではなく、自ら選んだ茨の道であった。

筆者はカトリック信者ではない。日本に生まれ、ペルーへ移住した日本人である。取材を通して筆者の目には、いつしか、神父があの良寛《りょうかん》和尚に重なって見えてきた。

良寛和尚は、妻子を持たず、物質的には無一物に徹し、清貧を貫いた人であると聞く。まるで加藤神父のことを言い表しているかのようだ。いっそ「ペルーの良寛和尚」と呼んでもよいとさえ思った。抹香臭い世界から飛び出した良寛和尚のように、ストイックな生活に縛られなかった加藤神父の生き様を追ってみたい。

本書は、加藤神父へのインタビューに基づく記述と、神父自らが記した書き物や関係者へのインタビューなどを根拠にして編集した。また、神父の生き様に迫るため諸々の角度からアプローチしてみた。人間・加藤マヌエル神父はどのような存在だったのか、神父が帰天された今、この本がその足跡を将来に残す一石となれば幸いである。

二〇一九（令和元）年　大塚文平　リマ

一章　幼少時代

（一）両親のペルーへの移住

約束

加藤神父の父、加藤忠作《ちゅうさく》は、一八八六（明治十九）年五月二十四日、愛知県八名《やな》郡玉川村（旧八名郡石巻村、現豊橋市）の農家の長男として生まれた。言い伝えでは、加藤家はその昔、宮本武蔵を祖先に持つ侍の家系だったそうである。

だが、忠作は百姓が嫌になり、土地を処分し、豊橋に出て表具屋を始めた。

加藤神父の母、ぶのは、一八九〇（明治二十三）年四月八日、静岡県浜名《はまな》郡吉津《きづ》村（旧浜名郡鷲津《わしづ》町、現湖西《こさい》市）で飯田家の四女として生まれた。忠作と結婚したのは一九一八（大正七）年六月十九日のことである。忠作は三十二歳、ぶのは二十八歳だった。

忠作の母、加藤つきは、一九〇六（明治三十九）年、すでに他界していた。忠作の父、加藤作蔵は再婚したが、その相手は忠作と歳が近かったため関係は良くなかったようである。

忠作は日本を出て、ペルーへ行きたいと父親に申し出た。加藤家の長男として、家督相続や両親の面倒を見る義務があったので、一応、十年で日本へ戻る約束で説き伏せた。

しかし、その約束が果たされることはなかった。

ペルーへ

結婚から一か月が過ぎた一九一八（大正七）年七月二十六日、忠作とぶのは日本を離れた。当時、ペルーへの集団移民を仲介していた森岡移民会社を通じ、移民船「紀洋丸」で横浜からペルーへ向かった[1]。船がカヤオ港[2]に到着したのは同年九月十五日であった。

そして、ペルーの首都リマ[3]から北方に約三百キロメートルにあるリマ県バランカのパラモンガ[4]にある砂糖キビ耕地に入植した。そこで一年間働いた後、二人はリマへ出た。

当時のペルーへの移民は、「契約移民」といって、日本の移民会社を通じて、日本を発つ前にペルーの農場主と数年の労働契約を結ぶのが一般的だった。契約が終了したら金を貯めて日本に戻るという希望を抱いていた。

しかし、入植先の砂糖キビや綿花の耕地では奴隷に近い労働を強制され、とても故郷に錦を飾る夢は果たせなかった。多くの移民が耕作地からリマ市街に出てきて、元手の要らない散髪屋などをして金を貯め、別の商売へと手を広げていった。

忠作はペルーへ移民する時、父親から遺産として千円を受け取っていた。当時千円と言えば、家が建つほどの価値があった。リマに出た忠作は、この遺産を資金に雑貨屋を始めた。

場所は、今のリマ中心部で、ロサイヤ病院とウィルソン通りの間にあるイロ通りだった。そこは当時リマの郊外で、店はそれほど繁盛しなかった。また、スペイン語に不自由だったため、詐欺の被害にも遭った。

そこで、商売がうまくいきそうなビクトリア区に引っ越すことにした。ビクトリア区には、日本人が多く集まり、区内の商売の六割を仕切る勢いがあった。

ちなみに、一九三〇（昭和五）年の国勢調査では、ペルー全土の人口約六百万人のうち、日系人は二万三百八十五人だった。そしてリマ市の人口四十四万八千五百人のうち、日系人は九千七百八十二人だった[5]。つまり、当時リマには約一万人の一世と二世が生活していたのである。

マヌエル、誕生

雑貨店をビクトリア区に移した後、一九二六（大正十五）年三月一日、加藤正美《まさみ》（マヌエル）[6]は加藤家の次男として出生した。その時すでに六つ上の兄・忠夫《ただお》（ファン・マヌエル）[7]がおり、妹・ヨシ子[8]も生まれ、加藤神父は三人兄妹で育った。歳が離れていた兄とはあまり遊んでもらえなかった思い出があるという。

3．幼少の頃

その頃のビクトリア区は、アンダワイラスという通りが賑やかであったが、その通りの近辺以外は畑であった。日本では百姓が嫌で表具屋になった忠作だったが、ペルーに来てから十年ほどが経ったその時分、なぜかまた百姓をしたいと思うようになっていた。加藤神父は、百姓をしていた父親の友人の家によく連れて行かれたという。

忠作は、区内に三万坪ほどの土地（今のポルベニールのあたり）を借り、農業を再開した。しかし折り悪く、一九二九（昭和四）年に起こった世界恐慌の混乱の最中にあった。

再開した農業も、その煽《あお》りを受けて失敗し、忠作は完全に失業した。

初めての記憶

忠作が農業に失敗すると、泥炭《でいたん》の苦しみをなめるような生活が始まった。忠作は竹を買い、編み棒を作った。ぶのはその編み棒を日本人に売り捌《さば》いた。けれども、家計のやりくりは厳しかった。

この頃、ビクトリア区メンドシータ街にはトウモロコシを原料にした発酵飲料「チチャデホーラ（**chicha de jora**）」を製造する工場があった。当時、清涼飲料水と言えばチチャデホーラで、発酵させれば強い酒にもなった。

その工場主、高野源太郎《たかのげんたろう》は、加藤家が窮地に立たされていることを知り、忠作を雇い入れ、一家を救った。高野は、一八八一（明治十四）年九月十日、熊本県飽託《ほうたく》郡藤富村に生まれた。契約移民として紀洋丸に乗り一九一二（明治四十五）年四月十五日にペルーへ到着後、カニエテ耕地へ入植した。契約を終了した後、珈琲店や雑貨店を経営し、さらにチチャデホーラ醸造業に転じて成功を収めた。移民から僅か十一年で財をなした実業家であった[9]。

加藤神父はまだ三、四歳と幼かったが、夏のある日、チチャデホーラを作っている広場の真ん中で泣いていたら、工場で働いている人たちがまわりで笑っていたことを憶えている。物心がついて初めてのはっきりした記憶で、場所は今のグラウ通りにある労働病院のあたりだったそうである。

母の教え

生活が苦しかったこの頃、ぶのはある日本人の家で働いていたが、ある日、憤慨して家に戻ってきた。加藤神父はその日のことが忘れられないという[10]。理由は、その家の主人が、室内のあちこちにお金を見せかけに置き、ぶのが正直かどうかを試したからだった。

4. 母親ぶのと

ぶのは、自分が試されたことに我慢がならなかった。子どもたちには、他人からそのような疑いをもたれないように、たとえ目の前にお金が落ちていても、決して手を付けてはならないと厳しく諭した。

また、加藤神父は、仕事から戻った母親が、リンゴや菓子を半分にして妹と自分に分けてくれたことも憶えている。おそらく、雇われ先の日本人の家で、子どもたちのためにと食べ物を分けてもらい、家に持ち帰ってくれたのだろう。

そうした小さな思い出が、加藤神父の心に母の愛を植え付けた。加藤神父はその愛情を終生忘れることはなく、それを愛の結晶として他人に惜しみなく分け与えた。

（二）小学校時代

リマ日校へ入学

加藤家では経済的に困難な状況が続いていたため、加藤神父は一九三四（昭和九）年、一年遅れで小学校に入学した。それまでの間は、両親が家で日本の習慣をひとつずつ教えてくれた。例えば、父親が臼《うす》と、柳の棒で杵《きね》を作り、三日月形の正月餅をついてくれた。余った餅は刻んでアラレにした。加藤神父は、それでアラレが大好きになった。

加藤神父が通った小学校は、一九二〇（大正九）年に創立された「リマ日本人小学校（通称「リマ日校《にっこう》」）」である。敷地面積が三万四百平方メートルもある広い学校だった。

リマ日校は、日本の文部省の直轄にあり、文部省が教師を募集して日本から派遣していた[11]。現地採用の教師もいたが、やはり日本からやってきた横瀬五郎《よこせごろう》校長[12]、須永広次《すながこうじ》先生[13]、樫谷伊勢雄《かしたにいせお》先生[14]等は皆優秀な人たちだった。

小学校一年生の時の担任は、現地採用の女性の先生だった。結婚したばかりで、子どもが一人いた。大学を卒業して、初めてリマ日校に就職したからか、勉強する目的を教えてくれなかった。両親は事業に失敗してからというもの、仕事探しに忙しく、子どもの世話を満足にできなかった。何のために学校に行くのかも教えてくれなかった。何のために勉強するのか意味がわからなかった。また、先生は依怙贔屓《えこひいき》が強かった。両親は経済的に余裕がなかったので、他の家庭のように父兄会などで先生に会って、贈り物をするようなことはできなかった。

加藤神父は、風邪を引いた時のでき事を憶えている。

「机は二人がけだったのですが、ある日、私たちは二人とも全く同じく風邪を引いていました。先生は隣の生徒を慰めに来たので、次は自分だろうと思って待っていたら、さっさと通り過ぎてしまいびっくりしたのです。ひとりだけ慰めて、他は放って行ってしまった。その時、依怙贔屓を強く感じました。だからますます勉強する気持ちがなくなってしまったのです。

同級生は皆兄弟であると教えてくれれば、皆平等に扱ってくれれば、兄弟と思えるのですが…その後人生で依怙贔屓については特に気をつけています」

百姓になりたい

チチャデホーラの工場で働き、窮地《きゅうち》をしのいだ忠作だったが、次はリマ郊外で豚を飼っていた獣医・青木正《ただし》の仕事を手伝うことになった[15]。飼料のサツマイモを、二ヘクタール位の土地に植えるのである。

この時八歳だった加藤神父は、父親を真似て、一平方メートルの畑を作ってサツマイモを植えてみた。これがうまくいった。今度は畑を二平方メートルの広さにしてみたら、またうまくいった。それで畑を十平方メートルに広げて、今度はトウモロコシを植えたら、それもうまくいった。

これに気を良くして、小学校を卒業したら百姓になる決心をした。

小学校二年生の時の担任は、沖縄県出身の平良《たいら》先生[16]だった。やはり現地採用の先生で、下宿を経営していてバスを持っていた。そのバスで生徒たちを送迎する商売もしていた。三年生の時も、現地採用の先生が担任だった。

一年生の時の通信簿は、丙《へい》が二つあった。当時は「甲《こう》・乙《おつ》・丙」の三段階評価で、「丙」が二つは落第生と見なされた。二年、三年も同じ調子で、勉強にはあまり興味がなかった。

先生が黒板に書いていた時、紙を丸めてゴムで黒板に向けて打ついたずらをしたことがあった。三、四人がやったのに、加藤神父だけが捕まった。罰として毎週、職員室に一時間立たされた。しかし、恥ずかしさはなかった。勉強よりも、卒業したら百姓になろうと思っていたからだった。

リマ日校は男女共学で、四年生になると、女子生徒は小さな運動場、男子生徒には大きな運動場が使えるようになった。大きな運動場は、毎週日曜日に一世の人たちが野球の試合をしたり、運動会を行ったりするための十分な広さがあった。

その大きな運動場では、雑草抜きが大仕事であったが、百姓になるつもりだった加藤神父には楽しみな作業だった。

大きな運動場に移ってから、男子は野球に力を入れた。A組とB組の二クラスができた。A組は優秀な選手で、B組は下手な選手だった。加藤神父はB組だったが、いつも楽しんで野球をしていた。

加藤神父は運動が好きで、運動会では三段跳びや棒高跳び、また短距離の選手にもなった。

四年生からは剣道も学んだ。剣道の先生は韓国系の血筋で、日本語を勉強するため幼い時に日本に連れて行かれたと話していた[17]。腕前は剣道三段で、加藤神父をよく可愛がってくれた。

その頃、父親はサツマイモ畑をやめ、庭師の仕事をしていた。一九三〇年代は日本人の立場が非常に苦しくなった時期だった。給料は安かったが、時間はあったので剣道大会があるとかならず見にきてくれた。剣道大会では、星学園と競い合い、剣道が強かった加藤神父は父親の眼前でよく勝った。

初めて褒められる

小学校四年生の時は、後にリマ日校の校長となった須永先生が担任だった。小学校で初めて加藤神父を褒めてくれたのは、この須永先生だった。また褒められたいと思って、一生懸命に勉強するようになった。

「褒められるということが子どもにとってどれだけ大事なことか、後に痛感しました。ただ、褒められたくて勉強したわけで、別に知恵を増やすためではなかったのですが、成績がどんどん上がっていきました」

五年生と六年生の時の先生は森江先生[18]だった。

六年生になった一九四〇（昭和十五）年、ペルー政府は「教育八割制法」を発令し、スペイン語の授業を義務化した。そのこともあって、六年では卒業できず、七年生までリマ日校に通うことになった[19]。

リマ日校の教育レベルは非常に高く、得意科目だった数学は、ペルーの中学三年まで役に立ったほどだった。事業に失敗した忠作にとって、息子が小学校高学年で優等生であったことは、せめてもの慰めだっただろう。

全財産を失う

その頃、忠作は、リマ市街地のアバンカイ通りにあった日本人経営の炭屋を譲り受け、炭屋を始めた。一九三〇年代当時、どこの家庭でも炭を燃料に使っていたので、日本人が手広く薪炭《しんたん》業を行っていた[20]。

その店の近くに、日本人が経営するタイヤ再生工場があり、忠作はそこで働いていた福田という従業員と親しくなった。意気投合した二人は、自分たちもタイヤを再生する商売をしようと考えた。

そこで忠作は全財産を投じ、炭屋を改造してタイヤ再生工場を造る計画を立てた。

しかし一九三〇年代、日本人はリマの主な商売の六割以上を占めるほどになっていた。そのため、ペルー政府は日本人に商売を乗っ取られるかもしれないという危機感を抱くようになり、日本人に対する風当たりを次第に強めていた。

そのような状況の悪化で、忠作が申請したタイヤ再生工場の営業許可願は却下されてしまった。投資した財産はすべて無駄になり、また忠作は事業に失敗した。

加藤神父が十一歳の時だった。

極貧の生活

その後、忠作は今の国会議事堂のあたりで、日本人から八百屋を買い商売を再開したが、それも一年と続かず失敗してしまった。加藤家はさらに貧しさのどん底へ落ちていった。

事業の失敗続きで苦しかった二年間ほどの間、加藤家はリンセ地区に長屋を借りて暮らした。生活は貧しかったが、ぶのの愛情のおかげで、子どもたちはのびのび育った。

この頃、ペルーの通貨が強かったおかげで物価は安く、加藤家の家計もその恩恵に与ったという。牛肉一キロが十八セント[21]で、カツオは一匹五セントだった。カツオ売りはトラックでやってきた。当時は冷蔵庫がなかったので、残ったものは腐ってしまう前に貧しい人々に分けていた。

貧しさに苦しんだ時代だったが、その日々は懐かしい思い出となり、神父の記憶から消えたことはない。

長屋に住みはじめて気がついたことがあった。リンセ地区には、自分たちよりさらに貧しい人たちが住んでいたことだった。ぶのは料理を多めに作り、困っている人たちに配って回った。おかげで隣近所と大変親しく付き合うことになったのだが、この付き合いが後に加藤家を救うこととなる。

（三）恩師

サケオと大地震

一九四〇（昭和十五）年、「サケオ（スペイン語で略奪の意）」と呼ばれる排日暴動が発生した。それまでも、暴動で商店が襲撃されたことがあったが、この暴動は違っていた。グアダルーペ中学校の学生が、排日感情をあおるデマの報道を信じ、市内で反日デモ行進を始めたところ、そこに野次馬が加わって暴徒化し、日本人の商店や住宅を略奪したのである。

五八八軒が被害に遭い、被害額は当時の金額で六〇〇万ソーレス（現在の約二十三億円）にのぼった[22]。

加藤家が住んでいたリンセ地区でも、日本人の家のほとんどが襲われた。加藤家も襲われかねなかったが、それまでぶのが近所の住人に良くしていたため、加藤家を自宅にかくまってくれた。おかげで加藤家には被害が及ばなかった。

加藤神父は、この時身をもって「人によくするということがどれだけ大事か」ということを学んだ。この経験が、後に慈善事業を始める背景になったという。

暴動が起きた五月十三日は、ポルトガルのファティマでマリアが出現[23]したことを祝う祭りの日だった。その後ほどなく、五月二十四日、リマで大きな地震が発生した。この日もまた、カトリック教でマリアを祝う日であった[24]。

地震が発生したのは午前十一時半ごろだった。日系人の生徒は暴動があったため休校だったが、一般のペルー人の生徒たちは学校で授業を受けていた。そのため、多くの生徒が犠牲になり、死者数は千人を上回った。

暴動も地震も、マリア出現の日に発生したので、信心深かったペルー人たちは、「地震は天罰だ」と考えた。被害を受けた日本人のところに行って跪いて詫びたペルー人もいたという。

家庭訪問

七年生の時は、高知県出身の樫谷先生が担任だった。樫谷先生は、上京して師範学校で苦学したと教えてくれた。電気代を節約するために、夜は自分の下宿でなく駅の中で勉強したそうである。

七年生の一学期は、他の生徒が級長であったが、二学期は加藤神父が級長になった。同級生は以外だと思ったかもしれないが、樫谷先生からの信頼は厚かった。

樫谷先生は加藤家に何回か家庭訪問に来て、貧しい長屋に住んでいることや、加藤神父が勉強熱心であるということも知っていた。将来の志を立ててもらおうと、ある日、加藤神父を呼んで、卒業したら何になるつもりかと聞いた。

加藤神父は即座に「百姓になる」と言ったので、先生はがっかりして「今の時代、せめて中学校ぐらいまでは勉強しなくては」と言ってくれた。そして、家庭訪問をして両親に話をしてくれることになった。

その晩、先生が家に来た。加藤神父が隣の部屋でこっそり聞き耳を立てると、先生は両親に「中学に行かせるようにして欲しい」と頼んでいた。父親は「貧しいので、家を助けるために仕事をさせなければなりません」と答えた。

加藤神父が期待していた通りだった。すると、先生は考えてもみなかったことを話し出した。育英資金のことだった。そして、父親はその話を引き受けてしまった。これには困ってしまった。卒業後は百姓になるつもりだったからである。

お前は医者になれ

翌日、殴られる覚悟で先生のところに行き、「何のために中学校まで行って勉強するのですか」と聞いた。先生は誇らしげに「先生になるためだ」と言うので、また殴られる覚悟で「人に教えるのが嫌いなので、その奨学金を将来先生になりたい生徒にまわしてください」と率直に返した。

先生は怒った態度で「先生でなかったら将来何になりたいのか」と聞いてきたので、「医者だったら引き受けます」とその場を繕《つくろ》った。

以前、ドス・デ・マヨ病院[25]に日本人の知り合いを見舞った際に、スペイン語ができないため十分な看護が受けられないでいた。それを見て、将来医者になれたら一世の人たちを助けてあげられる、という考えが脳裏をよぎった。

すると先生は、ペルーで医者になるには中学卒業後八年間の就学が必要だから、日本の文部省が奨学金を出すはずがないと先を読むと「お前は医者になれ。育英資金は確保してやる」と言った。

これが将来へのターニングポイントだった。

「人間の運命はひとつのことで決まることがあるのです。樫谷先生には心から感謝しています。お前は医者になれ――あの一言で私の将来が決まったのです。まあ、医者にも、百姓にもならなかったのですが」

樫谷先生は、医学を志す加藤神父に、カトリック系ラ・サール大学付属中学校を選んでくれた。だが、入学するにはカトリックの信者になる必要があった。そこで忠作は、リマ日校でカトリック教義を教えていた神父たちに教えを請うことにした。

自慢の生徒

その後の話になるが、加藤神父が日本に十五年間滞在することになった時、日本で最初に訪問したのは、リマ日校の同級生で日系二世の親友・坂本博氏だった。リマ日校を卒業した後の一九四四（昭和十九）年二月、坂本氏が日本へ旅立つ際、加藤神父はその親友の旅立ちをカヤオ港で見送ったのだった。

その翌年に終戦となり、東京には失業者が溢れたが、坂本氏は幸いにもスペイン語が話せたため、スペイン大使館の商務部に雇われた。そして東京で一番古いスペイン語教室「日本スペイン語センター」[26]を創立した。講習会を始めた時には、加藤神父が講義原稿の校正を引き受けることがあった。

彼と二人で、年に一回、高知県の樫谷先生を訪問した。加藤神父がピスコ（ペルー産の葡萄の蒸留酒）を下げて行くと、先生はピスコが大好きで、皆でピスコを飲みながら、正月を過ごしたものだった。

樫谷先生がある中学校の校長をしていた時には、「自分の生徒の中には、カトリックの神父になった者もいるんだと、いつも話すんだよ」と話してくれた。このように先生は後々まで加藤神父を大変可愛がってくれた。

最後は、高血圧で倒れ、夫人が介護をしたと聞いている。

二章　カトリックとの出会い

（一）中学校時代

5. 米川カリスト神父

6. 米川ウルバノ神父

米川神父たち

一九四一（昭和十六）年一月中旬、加藤神父はカトリック系ラ・サール大学付属中学校に入学するため、三月までの夏休み期間、リマ日校でカトリック教義を教えていた米川《よねかわ》神父から特別に教義を教えてもらうことになった。この時は、本気で猛烈に勉強した。

当時、「米川神父」は二人いた。どちらもカナダ人のフランシスコ会宣教師で、「米川基《はじめ》」ことカリスト・ジェリナ神父[27]と「米川正儀《まさのり》」ことウルバノ・マリア・クルティエ神父[28]である（本書では「カリスト神父」と「ウルバノ神父」と記載）。

カリスト神父は、一九一〇（明治四十三）年より、ウルバノ神父は一九一八（大正七）年より、共に北海道と鹿児島にて布教活動を行った経験があった。

カリスト神父は、一九二二（大正十一）年に鹿児島の奄美大島《あまみおおしま》[29]で、大島高等女学校校長として学校を経営していたが、その島には海軍の軍港があった。軍部は周辺に住んでいる外国人はスパイのおそれがあるとして、一九三四（昭和九）年までに大島高等女学校を廃校に追い込み、外国人宣教師全員を島から追放した。

戦争への道を突き進む日本での伝道には困難が高まる中、一九三二（昭和七）年頃にウルバノ神父はエジプトに派遣[30]され、一九三四（昭和九）年五月に、カリスト神父は病床の父を見舞う目的でカナダに帰国した。そして、日本に戻ることはなくペルーへ派遣された。

日本語での導き

米川神父たちがペルーに派遣されることになったのは、その頃、日本語ができる神父が必要とされていたからだった。

この必要性を訴えたのは、ペルーで病気に苦しむ日本人移民を献身的に看護し、「日本人移民の母」と呼ばれたフランス人修道女のマドレ・フランシスカ[31]だった。

日本語で日本人を導く神父の存在が日系社会のカトリック化には不可欠と感じたマドレ・フランシスカは、独自の人脈でローマ教皇庁へ働きかけた。大司教エミリオ・リッソン[32]とローマ教皇大使カエターノ・シコグナニ[33]が、この計画を支援することになった。

一九三三（昭和八）年に在ペルー日本国大使館に着任した村上義温《よしあつ》公使[34]も、ペルー国内の反日感情が悪化しており、二世がペルー社会に溶け込むには、国教であるカトリックへの改宗が必要になることを痛感した。そこで、マドレ・フランシスカを支援し、日本語が駆使できる神父の派遣を要請することにした。

一九三四（昭和九）年、この嘆願書はローマに向かうシコグナニ大使に託された。大使はローマへ赴くと、日本のローマ教皇使節大司教ピエトロ・フマゾーニ・ビオンディ[35]に会い、嘆願への協力を要請した。

ビオンディ大司教は、日本で既知の間柄であり、折しも日本からカナダに戻ったばかりだったカリスト神父に白羽《しらは》の矢を立て、信任状を託すためローマに召喚した。そしてカリスト神父を、ペルーのリマ市内、サン・フェリペ通りにフランシスコ会宣教区を創設する責任者として選出した[36]。

ペルーへ派遣されるまでの六か月間、ローマに滞在することになったカリスト神父は、エジプトとパレスチナに行く機会を得た。そしてエジプトで、日本での伝道で辛苦を共にしたウルバノ神父と再会し、ペルーでの日系人への伝道という新たな使命を共に果たすことになった。

こうして、一九三六（昭和十一）年二月にカリスト神父が、二年後の一九三八（昭和十三）年十月にウルバノ神父が、それぞれペルーに着任した。

到着後すぐに、リマのみならずペルー全土に散らばっている日系人社会をまわって、熱心に布教活動を行った。また、リマ日校の生徒に対するカトリックの公教要理《こうきょうようり》教育[37]にも携わった。

このような背景があり、加藤神父の父・忠作はラ・サール中学校への進学のため、米川神父たちの助けを求めたのだった。

洗礼

かくして一九四一（昭和十六）年四月十二日土曜日、入学前の復活祭前日、加藤神父はウルバノ神父から洗礼を受けた。そして翌日日曜日の復活祭で初聖体[38]を受けた。

この時の様子を、ウルバノ神父は次のように記している[39]。

「この青年はこうも早く洗礼を受け、自身の献身と勇敢な性格により周囲の注目を集め、また日系人の改宗のために生涯を捧げるという崇高な切望を表明しました」

加藤神父は、これで晴れて信徒となり、月曜日の入学式に臨むことができた。

「米川（ウルバノ）神父さんがラ・サールのブラザーのところに行って、私がカトリックになったばかりなのでよろしくと頼んでくれました。それから、私はいつも半時間早めに行って先生に会い、いろいろ素晴らしい話を聞きました。私があの中学に入って良かったなあと思うのは、先生たちは宗教もよく導いてくれたけど、学問の面でも本当に私たちのために親身になってくれたことです」

ラ・サール中学校の先生たちは、ほとんどが外国から来ていたが、フランス人が多かった。一九五七（昭和三十二）年頃から山岳地帯の住民がリマに入り始めていたが、就学する人は少なかったため、クラスには二十名くらいしかいなかった。

リマ日校は日本語での授業がほとんどだったので、中学に入ってスペイン語で周囲から笑われてしまった。それで、一年間はスペイン語に力を入れることにした。

神父になりたい

この学校では、弁護士・医者・神父の三人がオリエンテーションを行い、将来の進路を考えるための素晴らしい話をしてくれた。特に神父は「聖職者は社会に奉仕することができる」と言った。

長屋にいる時、母親が困っている人たちを助けた姿が脳裏に刻まれていたので、医者になっても、貧しい人たちのために働こうと思っていた。だから、その神父の考えを素直に受け入れることができた。貧しい人たちを助けたい――このオリエンテーションが、後に加藤神父が診療所や孤児院を創設する発端になった。

「そのオリエンテーションがなかったら、私の将来はどこに向かっていたかわからなかったでしょう。こういうでき事を摂理《せつり》というのですが、神様がそういうふうに私たちを導いてくださっているのです」

神父になりたいという思いを、まず洗礼を授けてくれたウルバノ神父に打ち明けた。ウルバノ神父は喜んで、フランシスコ会の小神学校[40]に調べに行ってくれた。

そして、ラ・サール中学校は一年でやめて、一九四三（昭和十八）年にセミナリオ・デ・サント・トリビオ[41]に転校することになった。

この小神学校ではラテン語の科目があった。そのため、転校前の二年生の夏休みに、三〇代の元弁護士で、その神学校に通っていた人から特別にラテン語を教えてもらった。

太平洋戦争の勃発

ラ・サール中学校に入学した一九四一（昭和十六）年の十二月、真珠湾攻撃があり太平洋戦争が始まった。親米政策をとっていた当時のマヌエル・プラド政権は、一九四二（昭和十七）年一月二十四日、日本との国交を断絶すると宣言した。

ペルー政府は、在ペルー日本国領事館の外交官、中央日本人会の会長をはじめ、商店主、教育者、新聞社主などの身柄を拘束し、四月から米国への強制送還を開始した。以後一九四五（昭和二十）年二月まで計十五回にわたり約一八〇〇名の日本人と日系人が米国の強制収容所に送り込まれた。

一般の在留日本人は集会や無許可の旅行が禁止になっただけでなく、一九四一（昭和十六）年四月には「敵性資産管理法」が発布された。これにより、日本人所有資産は凍結、ペルー人名義でない商店には政府から管財人が派遣された。

新規の仕入れが禁止され、店主には生活費だけが渡され、それ以外の売り上げは銀行に封鎖された。買い手がついた店は強制的に譲渡させられた[42]。

商売ができなくなった日本人とその家族の中には、バランコ（Barranco）やスルキーョ（Surquillo）といったリマの郊外に移り、土地を借りて野菜の栽培や鶏の飼育に従事し生き延びた者もいた。

リマ日校は、校長はじめ日本人教員が米国へ送還されたため、学童数が激減し、一九四二（昭和十七）年に閉校を余儀なくされた。

強制送還の口実にならないよう、周囲の目を気にして日本語で話さないようにしたり、日本語の書籍や手紙を焼却したりする者もいた。日本語新聞も発行が禁止されたので、スペイン語の地元紙で日本の劣勢を伝える記事を読み、「敗戦」の予感が広まった。

その一方で、「敵のデマに惑わされるな」と叫ぶ日本からの短波放送を聞きながら、日本の優勢を信じたい気持ちを捨てきれない者もいた。ペルーの日本人社会は、精神的に不安定な状態に陥っていた。

なぜフランシスコ会を選んだか

加藤神父を宗教的に導いてくれた米川神父たちは、カナダ人でフランシスコ会[43]に所属していた。そこで、「カナダのフランシスコ会に入学したい」と小神学校の校長に希望を伝えた。

しかし、加藤神父がフランシスコ会を選んだ理由はそれだけではなかった。

「聖フランシスコは十二世紀に生まれた聖人です。父親は反物をフランスで買い、アッシジ[44]で売っていました。裕福な家庭で育ちました。やがて彼は騎士になり戦争に行きました。しかし途中で捕虜になってしまいます。その時、特別に神様の神感《インスピレーション》で『キリスト様の方へ近寄りなさい』という言葉を聞きました。

アッシジに戻って、また両親と一緒に生活したのですが、聖フランシスコは反物を困っている人たちに配りました。父親は気が狂ったのだろうと思って、地下の部屋に閉じ込めてしまいました。そして、父親はまたフランスに反物を買いに行きました。母親は、彼を理解していたので、地下の部屋から出して自由にしました。父親が帰ってきたら息子は家に居ませんでした。

聖フランシスコは貧しい生活を始め、サン・ダミアーノ[45]という教会にお祈りに行きました。すると十字架から『私の教会を建て直してくれ』という言葉を聞きました。彼は文字通りに『教会の建物を建て直して欲しいのだろう』と解釈して、アッシジ周辺の崩れかかっている教会を建て直しました。また、アッシジから一、二キロ離れた森の中に小屋を建てて、そこで独り暮らしを始めました。物乞いをして、らい病人[46]を看護しました。

けれどある日、父親が司教様に文句を言いに来ました。司教様のところへ息子を呼び、言い聞かせようとしました。父親は『持ち出したものを全部返せ』と言いました。そこで彼は、着ていたものを全部脱いで真っ裸になって、衣類を渡しました。そして『もう地上に私の父親はいない。これからは天にいる神様を師と仰ぐ』として隠遁生活を始めました。

聖フランシスコは自然をとても愛しました。例えば、道でアリが歩いていると、それを横に移動して踏み殺されないようにしました。木も伐採せず、枝を切りおとしました。このように自然をこよなく愛した聖人です。ですから、今のフランシスコ会が全世界に広まっているのです。

コロンブスがインド行きの新しい道を探そうとした時、宣教師が何人か乗船していましたが、その中にフランシスコ会の宣教師がひとりいて、この人がメキシコから下の南米に布教を始めました。

特にペルーは副王[47]が住んでいたところだったので、多くのフランシスコ会宣教師が来ました。そして山岳地帯やアマゾン地帯に入って行きました。布教先の町に行くための経路を研究し、国境をちゃんと調べて本に書いています。その書類はワンカヨの近くのオコパという所にある修道院[48]に保管してあります。

ペルー政府が隣国との国境問題を解決できたのは、このような書類のおかげです。だから、私が小さい頃フランシスコ会の服を着ていたら、公共の電車やバスは無料で乗れたのです。そして私たち日系人を世話してくれたのはフランシスコ会の神父たちでした。それで私はフランシスコ会を選んだのです」

小神学校への転校

一九四三（昭和十八）年に加藤神父が転校したセミナリオ・デ・サント・トリビオ神学校は、リマ中心部の大統領官邸の近くにあるサン・フランシスコという大きな教会の隣にあった。今は大神学校しかないが、その当時は小神学校もあった。

一九四〇（昭和十五）年の大地震で建物がつぶれてしまったが、地主が約三万坪の土地を寄付してくれた。土は豊富にあったので、労働者を雇ってレンガを作り、修道院を建て直した[49]。

神学校は貧しかったので、小神学生と大神学生が同居していた。今は百人くらい学生がいるが、当時は十人ほどしかいなかった。小神学生は大部屋で寝て、大神学生はアドベ（日干しレンガ）で作った小さな部屋に仮住まいをしていた。

戦時中、周辺は畑ばかりで、大・小神学校の生徒は一緒に楽しく遊んだ。

その小神学校に入学して一か月くらい経った頃、育英奨学金をもらっていた加藤神父は、学業を正当化するため、文部省へ証明書を提出することになった。フランシスコ会の信者なので小神学校に証明書の発行を頼んだが、発行してもらえなかった。

困った末に、米川神父たちに話をしたところ、教区の神学校に相談に行ってくれた。また、セミナリオ・デ・サント・トリビオ神学校の校長はメキシコ出身の人格者で、コレヒオ・クラレチアーノ神学校[50]であれば証明書を発行できるから、心配しないでそちらに通うように言われた。

それで今度は、クラレチアーノ神学校に一か月遅れで通うことになった。

二重の勉強

平日はクララレチアーノ神学校で勉強し、夜間や日曜日は、セミナリオ・デ・サント・トリビオ小神学校でラテン語や宗教の勉強をしたので、二重の勉強になり、消灯も九時のところを十時まで延ばしてもらった。会計の先生からは電気代のことを言われ煩わしかった。

クラレチアーノ神学校での最初の授業だった数学は思い出に残っている。加藤神父は編入したばかりだったのに、説明も聞かずに暗算で解答を出したので、先生をはじめ同級生が驚いたのである。

この学校のクラスも生徒数は少なく二十名ほどだった。中に喘息《ぜんそく》持ちの生徒がいて、二か月に一回発作を起こし、その度に二週間ぐらい休んでいた。加藤神父は数学のノートを書いて教えてあげた。

一か月遅れて転入した加藤神父だったが、次第に同級生から信頼を寄せられるようになった。そして、いつしか兄弟のように親しく付き合うようになった。その交友は生涯にわたって続いた。

だが、中学三年を終業した夏休みに不運なことがあった。

校長がクラスの生徒二十名を郊外のカニエテに連れて行ってくれることになったのだが、神学校は貧しかったので、大きなトラックを借りてベッド等を積み込むことにした。ところが、重すぎて途中でパンクして野宿するはめになった。

その時、蚊に刺されて二十人全員がマラリアに罹ってしまい、治るには二年間かかると医者に言われた。校長の配慮で、その二年間は寮生活をやめて全員が家から通うことになり、それが卒業まで続いた。

外国へ出る腹を決める

加藤家でカトリックの信者は、ラ・サール中学校に入る時に洗礼を受けた加藤神父ひとりだけであった。しかし、加藤神父が中学二年生の時、兄がカトリックの勉強を始めた。さらに、小神学校へ進んだ中学三年生の時には、母親と妹、そして父親も勉強を始めた。

だが父親は、米川神父たちに理屈をこねてばかりだった。米川神父たちは、父親については「ちょっと待っていた方がよい」と忠告してくれた。結局、母親と妹だけがカトリックの信者になった。

加藤神父が小神学校に入学することを決めた時、両親には「普通の中学校だけれど、制服がちょっと違っていて、スータン[51]を着ることになるが、それだけです」と説明した。だが、両親は息子が心の中では神父になりたいと考えているのだろうとうすうす感じていた。

加藤神父の父親は、神父になりたい理由を直接聞かず、近くに住んでいる知人三名に、息子に問いただすよう頼んだ。知人たちは一人ずつ加藤神父を呼び出し、「どうしてカトリックの坊主になりたいのか」と理由を聞いてきた。

太平洋戦争が始まると、ペルーは米国側について、日本に宣戦布告した。そのため、日本人は二世を含めてペルー人から敵国人として扱われていた。カトリック教会は敵の宗教だった。戦時中に、「敵の西洋人のように神父になるつもりか」などと問いただされた。

「私はそれを聞いた時、いくら度胸《どきょう》があっても我慢できないと考えました。ペルーに留まって神父になろうとしたら、自分の目的を全うできないだろうと思ったわけです。ですから、中学校を卒業したら、外国に出て勉強しなければならないと腹を決めました」

卒業試験

中学四年生の最後の試験には筆記と口頭試問があり、ペルー政府の文部省から派遣された試験官が行うことになっていた。筆記の場合は問題なかったが、口頭試問では反日感情を持った試験官が神父を落第させようという魂胆で、意図的に厳しい質問をしてくるだろうとわかっていた。マラリアにかかっていたが、朝方まで猛烈に勉強した。これが原因で、後に左目が失明してしまった。

四年生の時の化学の先生が校長だったので、卒業生から特別に化学を教えてもらったが、試験当日までにすべてを学ぶことができなかった。これでは少し危ない予感がしたので、教えてもらった部分だけでなく、教えてもらわなかった部分もひと通り、朝の二時まで勉強してから学校に行った。

口頭の試験では、校長が出席して支援してくれた。しかし、試験官は小さな声で、「カトーとガトー[52]は区別がない」とささやいた。よっぽど試験官を攻撃しようと思ったが、試験にパスするのが第一と考えた。この時、校長がすごい顔をしていたのを憶えている。

試験官から「黒板にこの化学式を書いて答えよ」と言われたので解答を書いたところ、「その答えには間違いがある」と言われたが、自信があったので反論しなかった。とにかく、試験に通ることが第一だった。

試験結果は、いつもは十一点ぐらいだったのに、その試験では十七点と好成績だったので驚いた。そして一九四五（昭和二十）年、中学校を無事卒業し、外国に出て勉強をするという決心を実現させたのである。

三章　カナダ留学

（一）神父になるために

両親に本心を伝える

加藤神父はカナダにあるフランシスコ会の神学校への進学を決心した。この意向を確かめた校長は、カナダ管区長に取り合ってくれた。そして、卒業の翌年、一九四六（昭和二十一）年、カナダ管区長からカナダのフランシスコ会の神学校に入学する許可が下りた。

加藤神父は、この時に初めて「フランシスコ会の神父になりたい」と両親に本心を伝えた。すると父親は「どうしてフランシスコ会の神父になろうとするのか」と息子を詰問した。

そこで米川神父たちに父親と話をしてもらうことにした。米川神父たちが何を言ったのかはわからなかったが、父親は家に戻ると「お前が神父になりたければなれ」とだけ言い、それから一か月ほど話をしなかった。

母親は、奨学金の話が出た時のことを持ち出し、「医者になると言っていたのに、どうして今度は神父になろうとするの」と問いただした。加藤神父は、「人は成長するにつれて考え方が変わってくるもので、今は神父になりたい」と伝えると、母親は少しショックを受けたようだった。

父親から神父になってもよいと言われたので、米国とカナダの領事館にビサの申請をしたが、どちらの申請も却下された。どうやら日本人の子孫だということが理由のようであった。

ペルーで生まれてペルー国籍を持っていても、日本人の血を拭い去ることはできない――この不思議な立場は、後年、加藤神父の精神構造に大きく影響することになる。

仕方がないので、セミナリオ・デ・サント・トリビオの大神学校の哲学科で一年間学ぶことにした。そして翌年の一九四七（昭和二十二）年、再度同じ領事館にビサを申請したところ、今度は無事に許可が下りた。

日本の敗戦から二年が経ち、日本人を米国やカナダに行かせても危険はないだろうと考えたのではないか、と神父は回想している。

カナダへの留学

同年五月十一日、神父は初めてリマタンボという小さな飛行場に行った。リマタンボは今の内務省の近くにあった小さな飛行場で、狭い通路を歩いて飛行機に乗った記憶がある。なんだか刑務所にでも入るような雰囲気だった。

それから二日をかけてグアヤキル、パナマ、マイアミ、ニューヨークを経由し、ニューヨークからは十人乗りの小さな飛行機でモントリオールに着いた。

モントリオールのドルバール飛行場[53]に着いた時、待合室が寒くてたまらなかった。五月十二日の正午ごろの気温は十度くらいで、カナダ人は寒くないらしかったが、南米の亜熱帯地域で生まれ育った神父にとっては寒かった。

バスに乗ってモントリオールの中心部まで行くと、村田神父[54]という日本人の神父が出迎えてくれた。カナダ管区長が気を利かせてくれたのだろうと思い、とても嬉しかった。また、日本語がわかるので心強かった。村田神父は管区長館に案内してくれて、管区長を紹介してくれた。

加藤神父はまず、モントリオールのフランシスコ会のドルチェスター修道院（Convento de la orden francicana de Dorchestar）に入学すると[55]、ローズモントにあったフランシスコ大神学校[56]で八月一日まで三か月間、他の学生二名と共にフランス語の集中講義を受けた。

ペルーではゆっくり話すフランス語で全部理解できたが、カナダの神学生は普通の速度で話すので一向に聞き取れず、少し不安に陥った。二千単語からなる小さな辞書を持参していたので、まずはそれを一通り読んでみたところ、フランス語はスペイン語とよく似ていることがわかった。

フランス語、イタリア語、スペイン語、ポルトガル語は全部ラテン語から出てきたので、いわゆるラテン語の方言だと考えることにした。それで自信がついて、他の神学生が話しているフランス語も、ゆっくりならわかるようになった。

そして二週間ほどで、ある程度フランス語が理解できるようになった。

日本人への悪口

八月にカナダの西部から三人の学生がやってきた。加藤神父は彼らと共にモントリオールから汽車に乗り、米国の国境に近いシェルブルック[57]修練院[58]に向かった。

修練院は小高い山の森の中にあり、砂漠地帯のリマとは対照的にのどかできれいで、とても気分が落ち着いた。だが、修練院の壁は石造りだったので、また刑務所に入ったような気持ちにもなった。

十五人の修練者と一緒に神父になるための最初の修練[59]を始めて一か月が経った頃、韓国から神学生が一名やってきた。彼は韓国が日本の植民地だった時代に育ったため、日本語の読み書きも、話すのも非常に上手だった。

彼はラテン語もわかったが、フランス語は全然わからなかった。講義は全部フランス語だったので、加藤神父は院長から通訳として講義内容を日本語で説明するように言われた。しかし、五年間も日本語を使っていなかったので、頭をいくら絞っても日本語がうまく話せなかった。たどたどしい通訳で何とか講義を終えると、彼から日本人の悪口ばかりを言われた。日本人から受けたいじめはよほどひどかっただろうし、彼をいじめた日本人は悪かったが、自分とは何の関係もなかった。しかし、彼は加藤神父を日本人と決めつけた態度をとった。

一、二か月ぐらいは我慢して聞いていたが、本当に閉口した。それである日、度胸を決めて彼にフランクに話をすることにした。「私はペルー人だけど、私の両親は日本人だから、あまり日本人の悪口は言わないで欲しい」と頼んだ。

加藤神父は「人の悪口を言わないで欲しい」と言うのは普通のことだと思っていたが、彼は加藤神父に反感を持つようになり近づかなくなった。加藤神父は、彼にとってマイナスになるかもしれないと思い、このことを院長には伝えなかった。

彼とは、哲学院の二年間（一九四八〜一九五〇年）と神学院の四年間（一九五〇〜一九五四年）の六年間、一緒に学んだ。

その後の話になるが、聖職者になって二十五年目を迎えた時、研修として聖地エルサレム[60]に向かい、一か月パレスチナ[61]の聖地を見学して、ベツレヘム[62]に行ったところ、彼が加藤神父の出迎えに来た。彼は四、五か月ほど先にエルサレムにいたらしいが、後でベツレヘムという町に移され、上層部に加藤神父の出迎えを頼まれたのだった。

ところが、加藤神父がエルサレムに行くために乗ったアリタリア航空の飛行機は、ローマからテルアビブ[63]に向かう際に二、三時間遅れてしまった。彼は怒って到着が遅れたことを責めた。その頃、テルアビブには戒厳令が敷かれていて[64]、数百ドルもかかる特別のタクシーを頼む必要があったので、このことがおそらく彼の頭の中にあったのであろう。

また、加藤神父は、字が下手なのでポータブルのタイプライターを使っていたのだが、その時は持って来ていなかった。それで、彼にタイプライターを貸してくれないかと頼んだが、これにも彼は怒って貸してくれなかった。

あの時「日本人の悪口を言わないでくれ」とひとこと言ったのが、こんなに強く響いたのかと思った。加藤神父は彼に近づかないようにして、帰路は世話にならなかった。

（二）修練生活

修練院での生活

カナダのシェルブルック修練院生活で辛かったのは、夜中眠れなかったことである。

ペルーでは、午前一時や二時ごろまで勉強するのが当たり前であったのだが、この修練院では午後八時に消灯だったのでなかなか寝付けなかった。しかも、毎日午前零時から一時間の祈りがあり、それが終わって部屋に戻っても寝られず、そのまま朝五時には起床しなければならなかった。

一週間は何とか我慢できたが、もうたまらなくなり、「自分はフランシスコ会の神父にはなれない」と思い詰めて院長に打ち明けた。院長は苦しみを理解してくれて、祈りは日曜日の真夜中だけでよいことになった。この院長はとても理解がある人物だった。

修練院は以前リンゴ畑だったらしく、放置されたリンゴの木に実がついた。ある日、リンゴをとって部屋に持ち帰ったところ、部屋中にリンゴの匂いが充満したので、院長に見つかってしまった。だが、院長は「だれか知らないが、許可無しに部屋にリンゴを持ち込んでいる者がいる」と婉曲に戒めただけで、強く咎《とが》めることはなかった。

カナダの料理にも慣れるまで苦労した。

一九四〇年代は冷蔵庫がまだなかったので、穴を掘って保存したジャガイモ、大根、ニンジン、レタスなどが毎日料理に出てきたが、ペルーではあまり食べたことがなかった。また、リマでは当時、下水を畑に引き込んで野菜を栽培していたので、野菜を生で食べる習慣がなかったが、カナダでは生で食べなくてはならなかった。

救いは量が豊富にある朝食だった。コーヒー、チョコレート、コーンフレイク、バターやピーナッツバター、またチーズは臭いところが一番おいしかった。それで朝食をいっぱい食べて、昼食と夕食はあまり食べなかった。

カナダでは肉をバターで焼いていたので生臭かったし、魚も、モントリオールは海から遠く、冷蔵庫もなかったため、塩に漬けて運んでいたので、カナダ人でも食べられないほど臭かった。金曜日は魚が出る日で嫌だった。たまに高価な鮭が出た時は美味しかったのだが、他の魚料理には閉口した。

カナダでは七年間、食べ物にはかなり苦しめられた。

哲学院で学ぶ

二年間（一九四八〜五〇年）勉学したケベックの哲学院[65]では、教授陣に恵まれて講義はとても良かったが、哲学はあまり好きになれなかった。

また、あてがわれた部屋はとても寒かった。これは日本に行ってから気づいたことだが、南半球にあるペルーと違い、カナダと日本は同じ北半球にあった。だから、南向きと北向きとでは、太陽の当たり方がひどく違っていた。

加藤神父の部屋は北向きで、冬は暖房があっても太陽が全然当たらなかった。学校側に頼めば何とかしてくれたのであろうが、二年間北向きの部屋で我慢した。辛かったが、神父になるにはある程度の犠牲が必要であると耐え忍んだ。

この哲学院は高台にあった。日曜日はミサが終わると午前中は自由だったので、高台から眼下を眺めた。感心したのは、家族そろって教会に向かう光景だった。本当に熱心な信者が大勢いた。

同級生の中には兄弟が十五人や二十人という者もいた。少ない方でも五、六人の兄弟がいた。神学院への家族訪問は年に四回あったが、兄弟が皆訪ねてくるので、院内は若者で一杯になった。家族を紹介してもらっても人数が多いので、順番に挨拶するだけで大変だった。

今は産児制限も行き届いて子どもの数も少なく、兄弟は一人か二人であるようだが、あの頃のケベック州は若者が溢れていた。

大神学院への進学

哲学院を修了した後、ローズモントへ戻り、フランシスコ大神学院で四年間（一九五〇〜五四年）神学を勉強した。フランス人の校長は内気な性格で、いったん怒ると大変であったが、厳しい反面、差別なく平等に生徒を扱ってくれた。

7. カナダ留学時代（1954 年）

しかし、校長を訪ねてくる神学生はいなかった。何事でも歯に衣を着せないことを身上としていた加藤神父は、たとえ退学させられるとしても言うべきことは言おうと、ある日、校長のところへ話に行った。

加藤神父が「最近あまり神学生が訪ねてきませんね」と言うと、「そうだ」と校長は答えた。それで「校長先生が厳しい態度で接しているので、皆遠慮して近寄りたがらないのです」と率直に言った。そして、校長と一時間以上も話をすることができ、その後は特に良くしてもらった。

大神学院での勉強は大変で、正直に言って辛かった。四時間の授業のために、最低でも四時間から五時間の予習が必要だった。夜の九時に消灯した後は、電灯に毛布を被せて光が漏れないようにして、皆こっそり真夜中まで勉強した。

大神学院でも日曜だけ真夜中の祈りがあり、朝が辛かった。それで朝のミサの後、朝食までの三十分間、音を立てないようにして床の上に枕を置いて寝ていた。隣の同級生がいびきをかいてぐっすり寝ているような時は、こっそり朝食を部屋に持ってきて食べていた。

勉強は大変だったが、悪戯は楽しかった。

寮にあるベッドは一枚の板と、それを支える三本の支柱があったが、支柱は簡単に自由に動かすことができた。ベッドの端に座って靴を脱ぐ几帳面な同級生がいたので、板の端の支柱を真ん中に移動させ、彼が端に座ったらベッドがドンと落ちてしまうような悪戯をやったそうである。

ふたりの父の死

カナダで学ぶ間に、再会を果たせなかった別れがあった。

一九四九（昭和二十四）年六月二十七日、忠作は息子の帰国を見ずして、ドス・デ・マヨ病院で永眠した。葬儀は、兄・忠夫が執り行った。

加藤神父は、父親との別れの時に駆けつけることができず、その魂に対して祈ることしかできなかった。事業に失敗しながら家族を支えた父親の苦しい生活を振り返り、加藤神父は次のように回顧している。

「父にとって二重の苦しみがありました。私がしたことです。カナダの神学院に入学して、父のもとを去って行ったことは、おそらくそのように（苦しく）思い、悲しかったことでしょう」

一九五三（昭和二十八）年六月には、導師カリスト神父が突然の悲劇に見舞われた。

カリスト神父は、その前年の一九五二（昭和二十七）年、リマ市ヘスス・マリア地区サン・フェリペ通りでのサン・アントニオ・デ・パドゥア教会[66]建設を主導し、ペルー管区の総長代理に任命されたばかりだった。

カトリックの祭日だった一九五三（昭和二十八）年六月二十九日の月曜日、カリスト神父はミサを行った後、大司教との謁見のためリマの大聖堂へ赴き、多忙な日程をこなしてサン・アントニオ・デ・パドゥア修道院に戻った。

しかし、車から降りて修道院の戸口にさしかかった時、突如失神した。すぐに修道院内に運ばれたが、重篤な流行性脳炎であることがわかり、アルソビスポ・ロアイサ病院（**Hospital Arzbispo Loayza**）に急遽入院した。

だが、日系人信者と同僚の神父たちの祈りもむなしく、七月五日の日曜日の夜に帰天した。享年七十二だった。

温厚で親近感があり、聖職者として傑出した徳性を持ったカリスト神父は、日系人の信者からも、同僚の神父たちからも深く尊敬されていた。人生最後の十七年間をペルー日系人への教化に尽くした伝道師の最後だった。

この頃、カリスト神父およびウルバノ神父の日本およびペルーにおける日本人・日系人への献身的な支援を認め、日本政府は叙勲を予定していたが、カリスト神父が倒れ逝去したため、ウルバノ神父が皇居へ赴いた。

同年十月二十二日、ウルバノ神父は吉田茂内閣総理大臣[67]の立ち合いのもと、天皇陛下より勲四等を授けられた[68]。

四章　日本での修道生活

（一）日本への派遣

七年ぶりの故郷ペルー

加藤神父がカナダでの留学生活を終え、一九五四（昭和二十九）年にペルーへ戻ろうとした時、ひと悶着《もんちゃく》があった。カナダに入国するためのビザの発行にも、日本人の子孫だからということで二年かかったのだが、この時も同じ理由でペルー政府が再入国を拒否したのである。

在ペルーバチカン大使は、加藤神父が横浜から派遣された脇田《わきだ》司教[69]から「司祭の聖油（Unción Sacerdotal）」を受け、叙階《じょかい》の秘跡を授かるための入国であると仲介し、おかげで何とかペルーへの再入国を認めてもらうことができた。

同年六月四日、飛行場に迎えに来たのは兄・忠夫だった。特別な許可を得て、飛行場の中まで来てくれたので、気をつけながら一生懸命スペイン語で話したが、「お前のスペイン語は全然わからない」と言われてショックだった。

母親と会っても「こんにちは」だけで、後は日本語が出てこなかった。母親の言っていることはわかったが、自分が言いたいことは日本語で言えなかった。

兄とはスペイン語で話せず、母とは日本語で話せず――これはとても辛い経験だった。

中学五年間とカナダの留学生活七年間はずっとフランス語中心だった。それに校長は、気を利かせて、加藤神父が英語圏の国に行っても困らないように、米国で二年間英語の勉強もさせてくれた。ヨーロッパから来る教授たちはフランス語が下手だったので、ラテン語で授業をしてもらった。モントリオールの神学院に滞在中、二回くらい日本人の神父と日本語を話す機会はあったが、それも一時間くらいで、それ以外日本語は使っていなかった。

言葉というものは、使わなければ駄目になってしまう、と痛感した。

叙階と挫折

六月二十九日、加藤神父はアレナレス通り（Av. Arenales）にあった日本人カトリック宣教会（Misión Católica Japonesa）で宣教師ソテロ（Sotelo）の聖職名を授かり、フランシスコ会司祭に叙階された。配属先は、サンタ・テレシタ・デル・ニーニョ・ヘスス（Santa Teresita del Nino Jesus）教会であった。

ペルーに帰国した加藤神父だったが、さらなる修学のため、すぐにでもローマへ留学したいとカナダ管区長へ申し出、許可を得た。そこでローマ行きのビザをペルー政府に申請したところ、当時のマヌエル・オドリア[70]大統領は、ローマへ出国したらペルーへの再入国は認めないと厳しく言い渡した。

このような処遇を受けなければならないのは何故なのか、と加藤神父は悔しい思いであったろう。ローマというカトリックの最高学府で神学の研鑽《けんさん》の仕上げができるという期待に胸を膨らませていたので、このペルー政府の仕打ちには打ちひしがれた。

敗戦した日本人の子孫に対する嫌がらせの気持ちがペルー国内でまだ燻《くすぶ》っていて、それが今回の処置に影響したのではないかとも考えた。ペルーで生まれながら、ただ日本人の子孫だというだけでローマでの修学の道が閉ざされてしまった。この不条理な現実に対峙し、なす術はなく、ただ茫然自失して途方に暮れた。

しかし、落胆してばかりもいられなかった。すぐにとりかからなければならない仕事が待っていた。第三十六回聖体大会[71]を間近に控え、横浜から来ていた脇田司教のお供と通訳をすることになっていた。

その仕事に時間のほとんどをあてることになったが、一方でローマ行きが挫折したことは頭から離れなかった。その心情を、「その時、思い切ってペルーを捨てて両親の国に帰る覚悟もした」とも記している。

けれども、ペルーには両親や親しくしてくれた日系人も多くいたので、極端な考えは鞘《さや》に収めた。そして、ローマに行けないのなら、十三年間日本語を使わなかったので、いっそのこと二年間だけ日本へ行って日本語を習熟しようと思い立った。そこで、カナダ管区長に日本へ行かせて欲しいと願い出た。

日本への出国

仕事に追われていた十一月中旬のある日、カリスト神父の亡き後、リマの修道院長をしていたウルバノ神父が、突然、加藤神父の部屋にやってきた。テーブルの前に立つと、加藤神父宛の海外電報の紙を渡した。

思いもかけないことに驚いた加藤神父を見て、ウルバノ神父は皮肉な表情を浮かべ、中を見るように言った。それはローマからの命令書だった。「できるだけ早く日本に発つ準備をするように」と書かれてあった。

命令だったので、すぐにでも出立しようと考えたが、ウルバノ神父の指示で、聖体大会へ対応する仕事に区切りをつけてから出立することになった。

加藤神父が日本へ派遣されるというニュースはすぐに広まり、いろいろな人が忠告してくれた。特に、その当時は日本があまりいい状態ではなかったので、衣類や食物をできるだけ多く持って行くようにと勧められた。

しかし、仕事に忙殺されてしまい、忠告をただ聞き流すだけで、行動に移す暇はなかった。準備の猶予は一週間しかなかった。慌ただしく荷物（それも三分の二は本であったが）を準備して、一九五五（昭和三十）年一月五日、リマから米国経由で日本へ向かった。

錯覚

横浜港に到着したのは、三週間後の一月二十五日だった。冷たく湿った港の朝の空気の中、リマ日校時代の旧友が待っていた。加藤神父は何とも奇妙な感覚に襲われた。いや、一種の錯覚に陥ってしまった。

自分が実際に東洋に来ているのか、まだ西洋にいるのかわからない感じがした。外国船で、日本人以外の国籍の客が多かったせいかもしれなかった。でも、自分が初めてカナダと米国に行った時とは全く逆の感じだった。

米国とカナダに行った時は、知り合いはいないし、その国の言葉もマスターしていなかったので、本当に異国だという感じが強くした。だが日本に来てみると、そういう感じは全くなかった。むしろ、自分の国に来たような感じがした。

もちろん、それにはいろいろな要素があった。第一、日本に着いた時、ほとんど日本語の会話はわかっていたし、親しい友人が待っていてくれた。そしてなかでも、そういう親しみを与えてくれたのは、自分が日本人の子どもで、自分と同じ顔がそこにあったことだった[72]。

(二) はじめての日本

不思議な光景

日本に着いてから、すべてのものが加藤神父の注意をひいた。

横浜から東京までを車で移動する間、釣り合いの取れていない町や、無計画でほとんどが舗装もされていない田舎道を通った。同乗していた他の神父が、「これが戦後まだ十年しか経っていない日本の現状だ」と言うのを聞いて納得した。

目的地の修道院本部[73]がある田園調布に近づくと、さらに驚くべきことがあった。

日本の道には、ほとんど歩道がなかった。そのため、加藤神父の乗った自動車の前方には、人や自動車や自転車といったものが全部一緒に路上を通行していた。何とも不思議な光景だった。

そしてすぐに、道の両側に目を奪われた。

いろいろな店が見え、それを自動車の中から眺めると、さまざまな食物や衣類がたくさん飾ってあった。ペルーを出る時に、「日本には何もない」と言われたことを思い出した。日本の状況は正しく外国に伝えられていなかった。

いろいろなことが目新しく、あちこちに気をとられつつ修道院に到着した。その日の午後、リマ日校時代の二人の旧友が心尽くしのもてなしに、渋谷に連れて行ってくれ、初めて日本の寿司をご馳走になった。

日本の寿司は、本場で食べるだけあって本当においしいと感じた。ペルーにいた時には、それほど寿司がおいしいとは思っていなかった。しかし、それも長くは続かなかった。

寿司は、日本ではごく普通の料理で、来客にはよく寿司を出すらしいということがわかったのである。加藤神父は寿司攻めに遭い、そのうち飽きてしまった。また、家々を訪問する時に出される茶や日本式の座り方には慣れず、閉口した。

満員電車

渋谷の寿司屋に行った時、加藤神父は幼い子どものように友人に連れられるまま電車に乗せられた。そこで初めて日本の人口過密現象を見せつけられた。電車はぎっしりスシ詰めだった。駅に着くと、そこで「ペルーではエルセニョール・デ・ロスミラグロスの行列[74]の時にしか見られない風景」を見た。

こんなことは東京では毎日あり、特にラッシュアワーの時は本当に深刻だった。新宿駅は、数十万人が日々利用するほど混雑していることを知った。

この満員電車で、加藤神父は初めて人混みの中に入った。そして、日本人の服装や態度は本当に異国のものであると感じた。着物を着ている中年女性がいるかと思えば、洋服を来た人もいた。口にマスクをかけている人や、外国の神学生のような恰好をした学生もいた。

日本にいながら、外国にいるような感じがした。道を歩いて、そこに日本人の顔を見つけると、とても懐かしく感じ、その一瞬後で自分は、今日本にいるのだから日本人を見るのは当然だと気がついた。

この錯覚は二年くらい続いたという。

日本語の勉強

数日ゆっくり休んで、さっそく日本語の勉強にとりかかった。

まず手始めにラジオをつけてニュースから始めようとした。ラジオの日本語は本当に素晴らしかったが、残念なことに一言もわからなかった。そこで今度は新聞で学び始めようと思った。漢字、カタカナ、平仮名ひとつひとつは読めたが、全体として何が書かれてあるのか全然わからなかった。

辞典を持っていたが、その引き方も知らない——どうしたらいいのかわからなくなってしまい、困って悲観してしまった。

田園調布には海外からの宣教師が大勢来ていたので、修道院は満員だった。加藤神父は残っていた一番奥の一番寒い部屋を使うことになり、三十分も勉強していると冷蔵庫の中にいるような気分になった。その度に台所に飛び込んで温まっては、また部屋に戻って勉強を続けるという状態だった。

8. 豊橋市の親族宅にて

奇怪な日本の番地

ペルーを発つ時、愛知県豊橋市に住んでいる親戚を訪ねるよう母親から頼まれていた。首尾良く上司から一か月の外出許可がもらえたので、さっそく親戚を訪ねることにした。

生まれて初めて会う親戚なので、正直な話、そう親しみは湧いてこなかった。両親の兄弟は八十歳を超えていたし、いとこたちも自分の親の年齢に近かった。本当に親類だと思ったのは、以前から文通していたおばを訪ねた時だけだった。

その上、日本式の家に泊まるのも生まれて初めてだった。日本の真冬は言葉で言い表せないほどの寒さだった。夜は少なくとも日本式の湯たんぽがあり助かったが、日中は温まる方法がなかった。

どうにか我慢して全部の親戚を急いでまわって、東京へ戻った。

しかしまだ新学年まで一か月以上あったので、母親から頼まれていた親族以外の家を訪問してしまおうと思い、一番手短な東京から始めることにした。

家の所在を地図で調べて見当をつけ、近くまで行ってから近所の人に場所を聞いた。しかし、知っている人はおらず、近辺をぐるぐる回る羽目になった。五、六時間が経ち、ようやく目的の家の場所がわかってみると、すでに何度もその前を通り過ぎていた。

一番地の次が二番地と思ったら大間違いだった。日本の番地のつけ方は出鱈目《でたらめ》で、これほど複雑怪奇なものはなかった。良く言うなら、日本人の心が単純でないということ、考え方が複雑であるということを表しているのかもしれないが、他のところを訪ねる気は消え失せてしまった。

ハチミツ・バケツ

親族の家を探し回っている時、ある特殊な車に遭遇した。まわりの人はよけて通ったのを知らずに前を通ってしまった。下水の蓋でも開いているのかと思うような、何とも言えない臭いがした。車の側に来て、ようやくそれが衛生車だとわかり、正直がっかりしてしまった。

郊外にいる自分より一年先に来ていた学友に会い、日本語の先生を紹介してもらうため道を歩いていた時は、道端に特別な汲み取りの桶を見つけた。彼はいかにも先輩ぶって、その臭いがする時に米国人は「Honey bucket（ハチミツ・バケツ）」とか「Spring is coming（春が来るよ）」とか言うそうだと説明してくれた。なるほど、うまい表現だなと思った。

（三）上智大学時代

哲学科に入学

日本に来て二か月が経った三月の末、加藤神父は日本語の勉強のために、外国人宣教師が奨める日本語学校に行こうと考えた。だが、その学校の校長に、日本語がわかる加藤神父なら上智大学[75]の方が良いと言われ、聴講生として通うことにした。

哲学科に籍を置き、授業は週三回受けた。学生の大部分は神学生であったが、自分より年上の人が多く驚いた。戦争のため勉強が遅れた人々だった。自分の他にもうひとりコンベンツァル聖フランシスコ修道会の神父がいた。偶然、二人は隣同士に座ることになり、良い友達になった。

大学に通うようになってから、途中にある女子修道会でミサを挙げるよう頼まれたのだが、これがまた冒険だった。ミサの後、朝食を済ませて大学に行く時がちょうど通勤時間だった。

ある日、電車に乗ろうとすると、自分のうしろに女性が二人いたので、西洋式の礼儀しか知らなかった加藤神父は、彼女たちを先に乗せようと思って順番を譲った。ところが、そこへ後から後から人が乗り込んできて、自分が乗り込めなくなりそうになってしまった。

頭の上では発車のベルが鳴り、これは大変と思って、やおらローマン・カラー[76]をかくして他の日本人と同じように我先にと乗り口に突進し、ようやく電車に乗り込むことができた。

電車の中は、「ペルーで言うサルディーナ（Sardina）[77]のように」人が詰まっていたが、幸い一般の日本人より背が高かったので息をすることはできた。この時に初めて、背の高いことは何とありがたいことかと思った。通学中の背の低い小学生や中学生は気の毒に思った。

このような状態で大学に着くと、すっかり疲れ果てており、テーブルに座ったとたんに朝寝をしてしまった。隣に座る神父も居眠りをしていることがあり、二人でまるで相談したかのように交代で居眠りをしていた。加藤神父が眠っている間は、彼の目が不思議と開いており、加藤神父が講義を聴いている時は、彼が眠っていた。

学外見聞

上智大学で初めて授業を受けに行った日、学長が親切に「昼食は、毎日イエズス会の神父たちと一緒に食べなさい」と言ってくれた。しかし、フランシスコ会の雰囲気とは少し違っていたため、正直言って窮屈な感じがした。最初の日だけは昼食を一緒にとったが、後は学外に食べに行った。

とはいえ、親戚のおばに教えられた丼物の注文しかできなかった。ショーウィンドーにおいしそうなものがズラリと並んでいても、ほとんどは漢字で名前が書かれてあった。その時はまだ漢字が読めなかったが、日本人の顔をしているので指でさすのは恥ずかしく、いつも同じ丼物を注文していた。

週に三回とは言え、同じ食堂で同じ丼物ばかり食べているのもまた恥ずかしいと思い、大学のまわりにあるいろいろなレストランを巡った。すると、あるレストランで、支払いの時に加藤神父の顔とスタイルをよく見た会計の人が、親しげに「どうしてカラーを逆さまにつけているのですか」と聞いてきた。加藤神父は、フランシスコ会のある神父さんのいたずらを思い出して、微笑みを浮かべながらひと芝居をうった。

「これはニューヨークで一番新しい流行ですよ。このことについてもっとお知りになりたかったら、あそこに教会がありますから、そこへ行ってお調べになったら、もっとよくわかるでしょう」

その人もそのいたずらがわかったようで、もう何も聞かなかったが、今にも吹き出しそうな顔をしていた。

授業がない自由な日は、日本語の勉強と見聞のためによく外出した。東京にある大きな百貨店にはよく行った。そして本当に感心した。日本人の芸術的なセンスが溢れていた。

商売のためではあるようだが、日本人、特に日本の女性の優しさが、自然と現れているように感じた。ちょっとした品物でも、自然と人の心を引きつけるように並べてあった。店員の接客は上手で、客は商品を買いたくなる。広告の仕方なども、外国人は見習った方が良い点があると思った。

日本の子どもたち

加藤神父は日本語の勉強のため、修道院の近くにあるカトリックの幼稚園にも行った。

日本人の子どもたちをよく見るのは初めてだった。外国の子どもたちとくらべて、日本の子はきれいで可愛いと思った。

また、子どもたちの話している日本語は美しい標準語だった。外国生まれでうまく日本語の話せなかった加藤神父は、そんな子どもたちを羨ましく思った。

ある日、遊び時間に、女の子だけが集まっているグループに近づいて話しかけてみた。何を話したかよく憶えていないが、ちょっとした冗談を言ったところ、女の子のひとりがいきなり加藤神父の顔を見て「神父様、失礼ですわ」と言った。

その表現の仕方と、特にそう言った時の態度は、まるで大人のようだった。日本の子どもたちは精神年齢が発達していることがわかり、驚かされた。日本の教育の仕方や、家での育て方によるのだろう。日本人は、子どもの世界を大切にしていると思った。

四か国語で告解を聞く

上司は部下を使うのがうまかった。その当時の修道院の院長がそうだった。加藤神父はできるだけ抵抗を試みたのだが、いろいろな口実を作って仕事を命じた。なかでも告解[78]を聞くこと、しかもスペイン語、フランス語、英語と日本語の四か国語で告解を聞くようにと言うと、さっそく大司教館まで許可をもらいに行ってしまった。

川崎にあった米軍のキャンプにミサを挙げに行ったが、ミサの前に米国の軍人たちの告解を聞かねばならなかった。慣れない英語で頭を痛くして修道院に戻ると、今度は修道院の聖堂で日本人の告解を日本語で聞かなければならなかった。

このようなわけで、安息日であるはずの日曜日は、加藤神父にとって有り難い日でなく、むしろ受難の日となってしまった。

（四）日本をもっと知るために

栃木の夏

七月になって夏休みに入ると、上司はその休みを利用して、加藤神父をフランシスコ会の布教地である栃木県[79]のある教会に留守番として行かせた。

以前名古屋に行った時、汽車の窓から静岡県と愛知県の美しい景色、美しい富士山を眺めてひどく感激したのだが、栃木県ではさらに強い印象を受けた。小さな緑の山々の間に美しい田んぼがあり、あちこちに純日本式の家が点在していた。

「本当に日本は箱庭のような所だなあ」と思った時、独特なある種の郷愁が胸を締め付けた。体内に宿っていた日本民族のＤＮＡが呼び起こされた瞬間だったかもしれない。感性が研ぎ澄まされ、悟道《ごどう》した（悟りを開いた）人のみが味わえる境地――いかなる時も、物事の本質に迫る直観的な行動をとることができたのは、加藤神父がそのような高尚な境地に到達していたからかもしれない。

日本で初めての夏は連日三十度を超し、うだるようだった。暑さの中、多数の信者や求道者に会っているうちに、片言の日本語が通じるようになり、段々と親しみが湧いてきた。

日本語を学びたかったので、皆が話していることをできるだけよく聞いて、わからない言葉に出くわすと辞書を引いた。しかし、辞書を繰っても方言だけはわからなかった。

ある日、床屋で散髪をしてもらっていると、子どもたちがさかんに「ダンベー」という言葉を繰り返し使っていた。どういう意味かと思って急いで教会に帰って辞書を引いたが、どこにも見つからない。賄《まかな》いのおばさんに思い切って聞いてみたら「それは栃木弁ですよ」と教えてくれた。これにはがっくりしてしまった。

この栃木県の教会では、信者や求道者に宗教の話をしている時に、特に自分のものの考え方について初めて考えさせられた。ものを考える時、また判断する時は、西洋式、特にフランス人式だった。

しかし、これはごく当然なことだった。これまでの勉強で特に強く影響を受けたのはカナダでのフランス式教育だったからだ。今さらながら、環境と教育が人間に与える力の強さというものに驚くより他なかった。

浦和の修練院

栃木の教会で初めての布教の経験を終えると、田園調布に戻った。その教会のほとんどの宣教師はフランス系の人たちで、修道院では毎日フランス語ばかりを使っていた。このままでは日本語が上達するわけがないと思い、日本語だけを使う場所を探すことにした。

ちょうど東京からそう遠くない浦和市にあるフランシスコ会の修道院の院長[80]が、浦和の修練院に移って来て欲しいと打診してきた。修練者はほとんど日本人だったので、これは願ってもないことだとすぐに同意し、さっそくそこに移った。

日本に来てからちょうど十か月が経っていたので、浦和の修練院に移ったらすぐに日本語で話せるだろうと思っていた。また修練者たちから助けを得られるものと期待していた。しかし、その修練院ではまず「できるだけ沈黙を守り、修練者とあまり接しないように」と注意されてしまった。

張り切って移ったので、これは大きなショックだった。沈黙を守るために日本に来たのではないし、実際に話してみなければ語学は身につかないことを、個人的な体験からよく知っていた。

朱に交われば赤くなる

院長に許可をもらって、上智大学には引き続き通っていたので、できるだけ外出するように努め、いろいろな所を見てまわり、いろいろなおもしろい体験をした。なかでも、電車でのでき事は興味深かった。

まだ日本に来たばかりで、自然と西洋の習慣が態度に出て、車内で女性が立っているのを見て思わず席を譲ったが、女性の大部分はそれに対して感謝しようとしないばかりか座ろうともしなかった。後日ペルーから来た二世と話をした時も、「同じことされた」と愚痴をこぼしていた。

特に、小さな子ども連れの女性に席を譲った時は驚いた。女性が座るだろうと思っていたのに、その人は立ったままで、座ったのは子どもだった。西洋で教育を受けた加藤神父にとっては理解しがたいことだった。

加藤神父は、これも善意に解釈して、「そこにも日本の良い点があるのかもしれない」と考えた。日本はそれだけ子どもが大切にされている、子どもにとっては天国のようなところかもしれない、と。

さらに、電車には居眠りをしている人がよくいた。「奇妙なことだ」と思い、眠りこけた人たちを見ながら理由を考えてみた。すぐにはわからなかったが、自分がまわりの環境になれてきて、同じように居眠りをするようになってみてやっと理由がわかってきた。

ひとつには、仕事の疲れがあった。日本人の大部分はサラリーマンであり、仕事場ではほとんどが残業しているありさまだった。その上、人口過剰のため、どこに行っても人でいっぱいで、特に東京では、車やその他のいろいろなものから出てくる騒音によっても神経がすり減っているからだろうと思った。

日本人と同じように、電車に乗って座るとすぐに眠ってしまうことがあったが、降りなければならない駅を眠っていてよく通り過ぎてしまった。「朱に交われば紅くなる」ということだろうが、降りるべき駅に気づかないほど寝入ってしまう自分に驚かされた。

商店街の散歩

秋は読書の季節と日本では言われるが、その季節に電車の中で目についたことは、座っていても、立っていても、スシ詰めの中でも、ほとんどの乗客が何かを読んでいるということだった。流行の週刊誌がよく読まれていた。

街には本屋が二、三軒並んでいるのが普通で、見聞のつもりで本屋に入れば、どの本屋も客がたくさん入っていた。若い学生が多かった。技術とか経済とか現実的なビジネスに関するものがほとんどで、精神や哲学的なものはあまり見受けなかった。特に、精神的な問題の核心である宗教に関する本はほとんどないと言っていいくらいであった。これには一抹《いちまつ》の寂しさを感じずにはいられなかった。

流行の週刊誌に何が書かれているかと言えば、人の私生活に立ち入った問題を公然と取り上げた記事が多かった。それは、加藤神父が抱いていた言論の自由に関する考え方とは合わなかった。客観的に見ても、少し行き過ぎているように思われた。

日本のことをもっと知るために、暇に任せて街の商店街をよく散歩してまわった。不思議だったのは、一区画に同業の店が何軒も連なり、お互い激しい商売競争をしていることだった。

後でよく考えてみたところ、こういう商売の仕方は日本人の島国根性の特徴であると納得できた。そして初めて、ペルーにいる一世の商売の仕方を理解することができた。「三つ子の魂百まで」とはよく言ったものである。

五章　日本での宣教

（一）初めての勤務

横浜の小神学校

日本に来て一年と三か月が経った頃、加藤神父は初めての勤務任命を拝受した。横浜にある小神学校の学生への霊的指導を命ぜられたのである[81]。学生たちの霊魂に関して面倒を見るため、毎週学生から霊的な話や告解を聞くことになった。この他の自由な時間は、日本語の勉強にあてた。上智大学に通うこともできなくなったので、家庭教師を雇って勉強した。

　初めての港街生活だった。ペルーにいた時、カヤオ港周辺の住人の考え方は違うということを聞いてはいた。横浜で「浜っ子」と呼ばれている人たちの個性がある程度わかってくると、自分の性格とは合わないと思うようになった。

　正直に言えば、できるだけ早く抜け出したいという感情に襲われるようになった。しかし、日本語を勉強するための自由な時間はあったので、説教の準備や黙想の際の霊的講話の原稿などを書くことに集中した。

らい病院

横浜の神学校で霊的指導を行う一方、上司から方々に黙想の指導に行くように頼まれた。

この頃、布教活動の中で加藤神父は壁に突き当たっていた。病院が派遣先で、看護師、学生、そして病人に黙想指導をする場合は特にそう感じた。なかでも一番印象に残っているのは、東京の郊外のらい[82]病院[83]だった。

生まれて初めてらい病の患者に接し、第一印象は悪くなかった。しかし、もう一歩中に入って重態の患者に会った時には試練に直面した。顔の形もなくなってしまっている寝込んだままの患者に近づいて告解を聞いたり、彼らにご聖体を持って行ったりした時には平常心ではいられなかった。けれども、患者と話をしているうちに、そういった驚きや嫌な感じはすっきりと消えてしまい、彼らの中に本当の人間味を感じた。ここで痛切に感じたのは、人間というものは言うなれば、試練にぶつからなければそういう人間味が湧いてこないのではないかということだった。

そして感心したのは、そういう境遇にありながら、彼らはそれに対する本当にキリスト教的なあきらめを持っているということだった。仏教的な無に行ってしまう宿命的な考え方を持つのではなく、それをむしろ神から与えられた大きな恵として快く受け取っているということだった。

このような考え方は、人間の力だけではできないことであると加藤神父は思った。ここにキリスト教の言う超自然的な影響を目のあたりに見た。

浦和での留守番役

横浜での十か月の任務を終えると、管区長の命令で浦和の司教管区に異動となった。名目は管区長助手だったが、実際は、カナダで開催されるフランシスコ会の総会に出席するため、管区長が六か月間不在となるので、その間の留守番役だった。

この留守番役の間、教会の主任司祭、幼稚園の園長の副秘書、教区の教会と幼稚園の会計係、司教付きのフランス語と英語の個人秘書、近くにあった修練院の贖罪《しょくざい》司祭、さらに今まで面倒を見てきた横浜の小神学生の霊的指導を浦和から横浜まで通って務めなければならなかった。そのため、日本語の勉強は一時中止せざるを得なかった。

浦和で日中は事務的な仕事をこなし、夜は求道者の公教要理のために時間を割いた。朝四時半に起床して、夜十一時の就寝まで長時間拘束され、本当に疲れる仕事ではあったが、実に有意義な年月だった[84]。

浦和に住む人たちは、江戸っ子でもなく、そうかといって田舎くさくもなく、いわば「ごく普通の中流階級の人たち」が多かった。信者や求道者が親しく接してくれて、まるで大きな家庭にいるような感じがした。仕事では辛く苦い経験だったが、人間関係は非常に恵まれ、その生活は忘れられない思い出となった。

この助手の役は一年だけだった。その時高齢だった司教[85]が「バトンをもっと若い司教に譲らなければならない」と考え辞表を出したためだった。

浦和を出る数日前、管区長は加藤神父に、当時空席になっていた横浜の院長になることを強く勧めた。しかし、非常に疲れていたうえ、まだ三十二歳だった加藤神父は人の上に立つことが苦手で、全面的にそれを断った。

だが、管区長は「他に誰か院長になる人物が現れれば断りを聞き入れよう」と言った。それは加藤神父の一番痛いところを突いていた。他の神父たちはそれぞれ何らかの仕事に就いていたため、その時自由だったのは加藤神父だけだった。従順のため、加藤神父は院長の役を引き受けた。

後はカナダ管区長からの正式の任命を待つより他はなかった。それでも内心は「まだ若年なので任命が却下されるのではないか」とかすかな望みを持っていた。加藤神父はすべての聖人に祈り、却下されることを願ったほどだった。

長崎への旅

管区長は、正式な任命の通知が届くまで、休暇がてらに長崎[86]に行って来てはどうかと助言してくれた。これは願ってもない提案だった。なぜなら、横浜の小神学校で学ぶ学生の半数以上が、長崎の出身者だったからだ。

長崎に行きたかった理由は他にもあった。まず、百年ほど前に全滅したと思われていたカトリック信者が発見された場所は長崎だったことだ。古いカトリックの伝統があり、いたる所にその影響が見られた。

加藤神父は長崎に一か月間滞在し、厳かな二十六聖人[87]の典礼を見ることができた。長崎の信者たちの日常生活もある程度知ることができた。そして、日本に来て初めてカトリックの国にいるような感じを持った。

日曜日だけでなく平日でも聖堂は信者でいっぱいで、信者のほとんどが聖体拝領をした。そして司祭たちと信者は親しげに近づき、話をしていた。

長崎に行きたかったもうひとつの理由は、長崎は原子爆弾[88]が落とされた場所だということだった。当時、まだ浦上の天主堂[89]は原爆に破壊されたままの姿で残っていたので、神父はそのおそろしさを目の当たりにした。また原爆記念館に行き、原爆が落ちた時の遺物や、原爆に遭った人たちの姿に一種の恐怖を感じた。

五島めぐり

長崎に行った時、長崎の小神学校の学生の世話をしていた神父は五島《ごとう》[90]出身の人だった。彼が五島に行くことになっていたので、加藤神父も同行させてもらった。

五島を訪れるまでは、小さな島であると思っていた。だが実際には、三百を超える島があり、その中に大きな島が五つあるため「五島」と呼ばれていることがわかった。この五島を南から北へ一週間かけて回り、日本の自然の美しさを見た。そして「本当に日本は箱庭のようだ」と改めて感じた。

五島には、おおよそ三万人のカトリック信者がおり、そのほとんどが迫害を生き延びた信者の子孫だった。このような信者たちはひとつの部落にかたまっていて、修道会の組織のようだった。部落に司祭が訪れると、ほとんどの信者は平日であってもミサにきて告解をし、聖体をいただいた。五島の信者を司牧するため、司祭が二十人以上もいるということは驚きだった。

この五島をめぐっている時に、特に印象的なことがあった。

ひとつは、そこで使われている日本語だった。これには全く参ってしまった。方言なので半分わかればいい方だった。特に、告解場では困った。信者がいったい何を言っているかさっぱりわからなかった。それで告解は一回だけで断ってしまった。

もうひとつは、五島の船だった。この五島の島々の連絡はほとんどが船だった。初めて船に乗った時、加藤神父は完全に酔ってしまった。また、高波の中を小さな船で行った時には、そのものすごさに「これで私の人生は終わりか」とさえ思ったほどだった。

（二）霊的指導者として

横浜の修道院長になる

一九五八（昭和三十三）年三月、長崎に一か月間ほど滞在して横浜に戻ると、正式な辞令が待っていた。加藤神父は正式に横浜の修道院長に任命されると同時に、管轄下の小神学校の校長も務めることになった。

物質面での管理は、以前浦和にいた時にある程度経験していたことだったので、心の準備はできていた。それよりも重大だったのは、小神学生の教育、それも特に霊的な面の教育に関する責任だった。当時、大学生、高校生、中学生が計十六人いた。

日本の小神学校は外国のそれとは違っていた。学生たちは普通の学校に通って勉強していて、小神学校ではただ寝泊まりするだけだった。そのため、小神学校では、公立の学校で与えない教育、特に道徳面における教育と、司祭になるための特別な教育である霊的な指導と、ラテン語の手ほどきを与えるだけだった。

外国の神学校で勉強した加藤神父にとって、神学生の教育は難しくはなかった。外国の神学生よりは優しいと思った。日本人は本当に勤勉でまじめで、また素直だった。ただ、あまり丈夫ではなく、性質の面では内気、内向的であった。

その年の九月末、横浜で初めて台風[91]に遭遇した。強い風と豪雨に見まわれて、修道院は水浸しになってしまった。風が強いことには特に驚かされた。この修道院の建物は一九二三（大正十二）年の関東大震災の前に高台に建てられた古いものだった。そこに風がまともに吹き付けたので、修道院ごと吹き飛ばされるのではないかと思った。幸い修道院には大きな被害がなかったが、市内では死者が出るほどだった。

学生に戻る

修道生活に入った時、かくれた生活の中で勉強を続けていきたいと思っていた加藤神父は、院長になるとか人の上に立つということは毛頭考えもしなかった。もちろん、そのための準備などするわけもなかった。

しかし、次から次に思いがけない仕事を与えられ、横浜の院長という役目まで回ってきてしまった。加藤神父は、チャンスさえ来ればその役から退きたいと心ひそかに願っていた。

そのチャンスは、一九五八（昭和三十三）年の暮れに到来した。ペルーから一人の神父が来たので、その神父との交代を上司に願い出たのである。初めは真っ向から反対されたが、福音書の中にある「うるさい友」の例[92]を思い出して、再三執拗《しつよう》に上司にそれを願い続け、ようやく許しを得た。

このとき、上智大学で日本の法律を研究してもよいという許可も下りた。これは、人の上に立つような仕事を任されるなら、今まで学んだことがなかった教会法を学びたいと申し出たためだった。本当はローマで学びたかったが、上智大学で日本の法律を学ぶように指示が出たので、翌年一九五九（昭和三十四）年度から上智大学の法科に通うことになった。

この許可は二月に下りたので、大学の授業が始まる四月まで時間があった。この間は大阪にあるカトリック系の女子高校のチャプレン[93]（代理司祭）として派遣されたのだが、ここで再び外国に来たような感じがしてならなかった。大人も子どもも関西弁ばかり使っていて、彼らに話しかけられても、何を言っているのかさっぱりわからなかったからである。

関西地方の景色は美しく、歴史的に有名な名所旧跡も多くあったが、少々居づらかったので長居はせず、その代理の仕事が終わるや否や、東京に逃げ帰るように戻った。東京に戻ると、やはり標準語の方が落ち着き安堵した。

日本に来て四年目になる一九五九（昭和三十四）年四月、新たな学生生活が始まった。それまでいくつかの修道院で年配の神父たちと共に生活してきたが、その環境が大きく変わり、加藤神父の心持ちは一変した。

加藤神父は、再び若返ったような気がした。日本の学生も他の国の学生と同じで、悪戯好きだった。真似はしなかったが、授業中に先生の目を盗んで教室から逃げ出してどこかに遊びに行ってしまう学生がいた。

日本の学生と一緒にいて気がついたことは、彼らはあまり身なりを構わないということだった。一般に日本人は清潔な国民だと思っていたが、一年も床屋に行っていないような頭をした学生もいた。不思議に思って当人に聞いてみると、「学生の一種のおしゃれだ」と言われて驚いてしまったが、本当はあまり勉強に忙しくて床屋に行っている暇もないということかもしれない、とも考えた。

聖母病院

上智大学に再入学して数週間目、管区長が東京にあるカトリックの聖母病院[94]に行くように勧めてくれた。そこでは、朝のミサと夕方の祝福をするだけで、後は自由だと言われた。この申し出は、「願ったり、叶ったり」だった。短時間の束縛が終わったら、勉強する時間がたっぷりありそうだった。さっそく聖母病院の院長に着任の挨拶をすることにした。

ところが、院長から日曜日ごとに説教をするように言われてしまった。前任のチャプレン二名も説教をしていなかったことは調べて知っていたので、話が違うと抗議はしてみたが、この病院の伝統は変えられない、と請け合ってもらえなかった。

考えを曲げない女性の院長に、加藤神父はある神父からの助言を思い出した。「女性と口論してはいけない。かならず負けるから。それは骨折り損のくたびれもうけである」と。

それから数日すると今度はレジオマリエ[95]の会長がやってきて、「これからは毎週の集会に出席して、そこで五分間の説教をするように」と言った。その二週間後には、第三会[96]と看護婦会[97]の会長が別々に来て、「毎月の例会で霊的講話をするように」と依頼してきた。

さらに、各病棟の婦長がかわるがわる内線をかけてきて、やれ「臨床の病人の側にいてくれ」、やれ「臨床洗礼だとか悲観している病人を慰めるために来てくれ」と呼び出す始末だった。

これで加藤神父が描いていた夢は完璧に崩れ去った。それどころか、予想を超える仕事の量で、しばしば上智大学の授業まで欠席しなければならなかった。

この聖母病院にいた八か月間[98]、約五十人の死に際で面倒を見た。そのうち三十人ぐらいに病床で直接洗礼を授けた。そして、病院における司祭の仕事は決して安易にできるものではないと痛切に感じた。

多忙であり、いろいろ心配させられたり、犠牲を払ったり、疲れ切ったにもかかわらず、加藤神父はここでの仕事を決して後悔しなかった。何故なら、それだけ神が報い、霊的な慰めを与えてくれたからだった。

安らかに、そしてむしろ喜んで死んでいく病人を見、「司祭でなければ味わえない喜び」を何度も体験した。この病院での体験は、加藤神父にとりよい思い出であり、懐かしい記憶となった。

親友との出会い

聖母病院での生活を終え、再び田園調布に戻った加藤神父は、ようやく上智大学に通うことができるようになった。そして、終生にわたる友、渡邉浩平《わたなべこうへい》氏[99]と学内で出会うことになった。

渡邉氏によれば、あるゼミナールに出席したら、そこにローマン・カラーをつけた学生がいて、フランス語は流暢《りゅうちょう》にあやつるが、日本語はたどたどしい不思議な神学生だと思っていたところ、加藤神父が自分は司祭だと言って近づいてきたそうである。これが二人の巡り合わせだった。

渡邉氏は日本語に困っていた加藤神父を助けてくれた。勉強の合間、特に女性の修道会の黙想会で講話する日本語の原稿の訂正などを手伝ってくれた。心の中の表現などで困った時は、英語を共通語として、二人で適当な言葉を見つけ出した。

このようなわけで、加藤神父の日本語が上達したのは、渡邉氏の助けによるところが大きい。この出会いがなかったら、後年、加藤神父が西和辞書を編纂することもなかっただろう。

説教の下書きをするには英気を養う必要があったので、渡邉氏と学校の外で美味しいものを食べたり、息抜きに「サザエさん」の映画100を見に行ったりした。渡邉氏は、のちに秘書となり、生涯にわたる良き伴侶となった。

北海道への旅

一九六〇（昭和三十五）年頃になると、教会の留守司祭や、信者の黙想の指導を頼まれて、日本各地へ行く機会が増えた。名古屋や宇都宮だけでなく、夏には遠く北海道にまで行った。この北海道の旅は特に印象に強く残るものになった。

北海道へ行くことになったのは、あるカトリックの病院の看護師と短期大学の学生に黙想の指導をする依頼を引き受けたからだった。指導を始める前の一週間は自由な時間になったので、青森と北海道を見物することにした。学友の渡邉氏と、ある高校の生徒二人が道連れとなった。

まず、本州最北の観光地である十和田湖を見物した後、海を渡って北海道に入った。そして、北海道独特の地名の美幌峠《びほろとうげ》[101]や、屈斜路湖《くっしゃろこ》[102]を通って、神秘の湖と言われる摩周湖《ましゅうこ》[103]を見た後、阿寒湖《あかんこ》[104]を見物した。

　後から「摩周湖はめったに晴れない」と言われたが、この時は天気が良く、アイヌ人が神の湖「カムイトー」と呼ぶ摩周湖を完全に見ることができた。北海道の自然の美しさには深く心をうたれた。また、北海道では北海道を「外地」、本州は「内地」と呼ぶことを知り、まるで外国のようだと思った。風景も、ペルーやカナダを連想させた。

　苫小牧《とまこまい》行きの汽車の車窓から見た日高《ひだか》山脈は、まるでアンデス山脈で、その麓《ふもと》に広く青々と茂っている平野は、カナダの平野。汽車が走る海辺はペルーの海岸で、その線路はパン・アメリカン・ハイウェイ[105]のようだった。ペルーなら砂漠だが、北海道では青々と茂った野原が続いた。

　三人は札幌《さっぽろ》に着くと、カトリックの病院が経営する看護学校の宿舎に投宿した。校長がとても親切にもてなしてくれたが、後で埋め合わせに二週間にわたってこき使われる羽目になった。修道女は人を使うのが上手であると、つくづく感心させられた。

　始めは短大生に霊的講話をするだけでよいと言われていたのに、いざ蓋を開けてみると、病院の看護師や修道女、はては小学生にも話をしなければならなくなった。その上、いろいろな座談会にも担ぎ出され、精根尽き果ててしまった。

　そんな加藤神父を勇気づけたのは、東京に戻れば一週間の休みが取れることと、外国人の宣教師には六か月の休暇が与えられることになっており、それまで後少しだったことだった。

　しかし、東京に戻ると、「修練院の修練長に抜擢《ばってき》」というまったく思いがけないニュースが待ち受けていた。

（三）従順の誓願

修練長に就任

北海道から田園調布に戻ると、北浦和の修練院[106]の修練長に就任することが決まったと教えられ、頭の中で爆弾が爆発したようなショックを受けた。しかも、それは二週間前に決められていて、内容にも間違いがなく、すでに周知の事実になっていた。

それでも信じることができなかったので、一か月の不在中に届いた手紙を調べてみたが、そのような通知は見つからなかった。そんなものが届いているはずがなかった。通知は海外電報で、実際に届いたのは二週間後のことだったからだ。

加藤神父は慌てふためいた。司祭になってこの方、布教に重きをおいてきたので、規律正しい修道生活をここ数年おろそかにしていた。修練長としての日課で重大な役目の霊的講話も、ほとんどと言っていいくらい準備をしていなかった。

それで、この辞令を受けた後、当時の管区長代理に「少し考える時間が欲しい」と頼んだ。しかし、「修練院に行ってから時間をとればいい」と言われてしまった。正直なところ、これほどまでに「従順の誓願」[107]の真の意義を痛感したことは未だかつてなかった。

就任してすぐ仕事に没頭し、朝から晩まで毎日、霊的生活と、修道生活（特にフランシスコ会に関する修道生活）と、一般神秘学に関する話の準備をした。日中は講義と修練者の直接指導があったので、講話の準備は夜になった。

このように終日仕事に追われる身となったのは生まれて初めてだった加藤神父は、内心、「この調子では半年は持つまい」と思った。しかし、ここで「神は自ら助くる者を助く」という諺を痛切に感じた。いろいろな面で助けられ、また恵まれていた。

第一に、最初に引き受けた修練者たちはみな頭も良く、素直で、同情深く、協力的だった。そして講義の準備においても、学友の渡邉氏という良き友であり、秘書が手伝ってくれた。渡邉氏は、在学中だけでなく、卒業後に社会人となって多忙な毎日を送るようになった後も、残された少しの時間を割いて霊的講話の作成に協力してくれた。

加藤神父にとって修練長の役は「司祭になってから体験した中でも一番辛い仕事」で、その立場を実感できるようになるまでには三週間ほどかかったそうである。

この任務を翌年まで務めたが、ペルーで母親が病に倒れたため、カナダ管区長に許可を得てペルーへ一時帰国した。その後、一九六二（昭和三十七）年にはローマへ、一九六三（昭和三十八）年にはベルギーへ渡り、宗教社会学と精神医学を学んだ。

加藤神父は、日本へ赴任してから七年間で、学生時代には想像してもみなかったさまざまなことを成し遂げることができたことに驚いていた。そして、それは自分の力によるものではなく「ひとえに神の恵みとその助けのおかげである」と強く感じ、簡潔ではあったが、意味の深い祈りが心に自然と湧いてきた。

「主よ、私にお与えくださいました数々のお恵みとお助けを心から感謝致します。これからもどうぞよろしく」

文化参事官となる

一九五九（昭和三十四）年初頭、加藤神父を長年精神的に導いてきたウルバノ神父が、ペルーで病に倒れた。ウルバノ神父が一九三八（昭和十三）年にペルーへ派遣されてから二十一年間が経っていた。

同年二月に長崎教区のフランシスコ会に所属する片岡哲夫神父がペルーへ渡り、ウルバノ神父の仕事を引き継ぐことになった。この片岡神父の仕事は、一九七六（昭和五十一）年、ペルーへ戻った加藤神父に引き継がれることになる。

ウルバノ神父は四月十一日、療養のため母国カナダに帰国したが容態が回復することはなかった。六年後の一九六五（昭和四十）年二月二十二日、ついにペルーへ戻ることなく、母国にて帰天した。日本人と日系人の布教に捧げたその人生の幕がとうとう下ろされたのだった[108]。

加藤神父は、一九六六（昭和四十一）年、再度日本に戻り、六本木の修道院に異動して、外国人信者の世話をすることになった。その後、栃木県小山市のカトリック教会に異動し、二年間、日本人信者の世話をした。

この小山滞在中、ペルー外務省より文化参事官の任命を受けた。小山から東京に戻る了解をカナダ管区長から得て、東京のある女子修道会が経営する学校のチャプレンをしながら、文化参事官の任務を果たすことになった。

文化参事官の任務がきっかけで、加藤神父はペルー大使館の大使や関係者と懇意《こんい》になった。この人脈は、後にペルーで手がけた社会事業の資金集めの際におおいに役立つことになった。大使館が慈善コンサートを主催して収益金を寄付してくれただけでなく、ペルー大使夫人が協力していたバザーからも支援金を受けることができた。

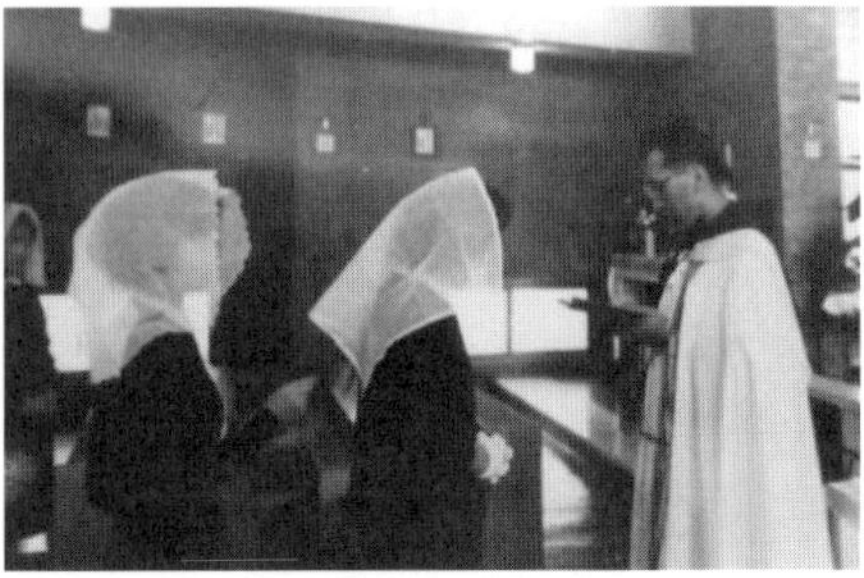

9. 加藤神父による洗礼式

宣教の道

東京の女子修道会が経営する学校のチャプレンをしていた時、リマで生活する年老いた母親の容態が悪化し、介護のため一九六九（昭和四十四）年に休暇願を出し、ペルーに一時帰国した。

その後米国に二年間ほど滞在したが、一九七一（昭和四十六）年に再度日本に戻り、カトリック学校のチャプレンを続けた。その間に母親の容態が急変し、六月十七日午後十時、ついに帰らぬ人となった。享年八十一だった。六月十九日、兄・忠夫が葬儀を執り行い、リマ墓地へ埋葬した[109]。

加藤神父は、一九七三（昭和四十八）年、再度ローマに渡り一年ほど滞在した。その間、ベルギーのブリュッセルに赴き、第二バチカン会議[110]に基づく新たな修道生活の研究を行った。

現ペルー新報社長、マルティーナ・長谷川・デ・五十嵐氏によれば、加藤神父は、ローマ滞在中、教皇庁[111]への入庁を進められ困ったことがあったという。

加藤神父は、ローマ教皇直々に「クーリア（教皇庁）の人になってください」と言われた。でも、「自分は心からポリティカ（政治的）なことは嫌いで、ミッショネロ（宣教師）だから受けられない」と考えた。そこで、教皇に「システィーナ礼拝堂で礼拝して回答します」と答えた。

しかし、加藤神父にはローマに留まる気持ちはもとよりなかった。システィーナ礼拝堂で祈りを捧げた後、教皇には「リマに帰りなさい」という神の声があったと伝えた。

ローマ滞在後、加藤神父はまた日本に戻ってチャプレンを続けていたが、一九七五（昭和五十）年、カナダ管区長から、ペルー日系人社会のカトリック信者から強い要請があったとして、ペルーに戻るよう通達を受けた。

日本に永住して布教を続ける覚悟も芽生えていたが、日系人社会からの要請に応えることを決意した。そして一九七六（昭和五十一）年、日本での通算十三年間の宣教活動に終止符を打ち、ペルーへ帰国した。

それまでの日本での修道生活を通じて、加藤神父は、カトリック神父としての職業に磨きをかけただけでなく、日本民族の心を全身で吸収し、一個の完全体となったのではないかと思う。

以前日本財団[112]の会長を務め、加藤神父が後にペルーで建設した老人ホームや養護施設などへの援助を惜しまなかった曽野綾子《その あやこ》氏[113]は、「加藤神父様はお言葉も物腰もまるで明治生まれのような品格を備えた方である。私は時々神父様の中に、兄や叔父の面影を見る思いがする」と述懐《じゅっかい》している。
加藤神父はペルー生まれの二世でありながら、日本で生活している日本人以上に日本的な心を備えた人となった、と換言できるだろう。

雑感──日本の男女

加藤神父は、この最初の日本滞在の七年間に、日本という国について特に感じたことがあった。ひとつは「日本の男女」についてである。

今では、私が日本に参りました当時とくらべて、男性の身なりは随分と変わりました。七年前には、日本の経済状態がそうさせたのかもしれませんが、それにしても当時の男性の服装は、私の目にはだらしなく映りました。今ではずっと良くなり、特に都会の男性は非常にきちんとしていて、かえってオシャレすぎるくらいの感じさえします。もちろん、これは女性の流行が段々と男性にも伝染してきたせいではあるかもしれませんが。

けれども、私が前と全然変わっていないと思うのは、男の人たちの特に女性にとる態度でありま す。（中略）一般に公の場所で男性が女性に対してとる態度には、外国人や私のように外国で育った者には驚かされるところが多いのです。

男女同権とよく口では言われているのですが、それでも男は何か一種の優越感からか、女性に対してあまり親切ではないということに気がつきました。戦後日本では随分いろいろなことが変わり、改革されたとは言いますが、それでも女性に対しては封建的な考え方を持っているだろうと思います。

これとは逆に、日本の女性は、男性とくらべて少なくとも表面的には他人に対して、また知らない人に対しても、言葉や態度では親切であり、愛嬌良く振る舞います。これもまた、女性が封建時代から受けた影響からではないかと思います。それは、女性というものは他の者に仕え、いつも一段下にいなければいけないという考えがあるのではないかと思います。そしてさらに、自分が持っている感じを、それがどんなに嫌なことであっても、決して外にあらわしてはならないと躾けられているからではないかと思います。

どういう理由かは別として、この日本女性の態度は良い意味で外国人には強く印象づけられるものです。ここに日本の男性が外国人から嫌われる原因があり、また特に外国人の男性が日本の女性にあこがれる原因があるのではないかと思います。

雑感――日本の宗教心

また、この日本滞在を通じて、加藤神父は「日本の宗教心」についても考えるところがあった。加藤神父は、次のように興味深い見解を述べている。

日本人にもどこの国の人たちと同じように宗教心があると思います。そして、違う点があるとすれば、それは程度の問題であると思います。それと日本人は東洋人でありますから気持ちというものによって随分と左右されるのではないかと思います。日本と日本の自然の美しさを見た人はよくわかることですが、それは本当に素晴らしいものであり、その中で育ってきた日本人は自然とこの自然を通じて神を見るようになってきたのではないでしょうか。ですからどこの国の人より日本人にはおぼろげながら神という意識はあると思います。

ただそれがある宗教、それも特にカトリックという宗教になり、カトリックの神となりますと、日本人はそこに不可解なものを感じ、むしろそれを否定する傾向が多分にあるのではないかと思います。そこでよく日本人には宗教心がないと言われるのですが、それをそのまま受け取るのは大間違いであり、もう少しそう言われるということの原因を調べなければいけないと思います。

その原因として、第一にカトリック国の今の宗教状態と、また日本人に今まで影響してきた日本の宗教でもある仏教というものと、いま日本に宣教のために来ている外国人宣教師についても考えてみなければならないと思います。こういったものを少し調べてみれば、日本人の宗教に対してとる態度がわかるのではないかと思います。

正直言って、私どもが認めなければならないのは、残念にもカトリック国における信者たちはむしろ不熱心であり、伝統的な宗教としてただ形式的にそれを守っているといっても過言ではないということです。そして、むしろ退いているという印象さえあるのです。

ですから、そういう事実を見ている日本人が、もうすでに、カトリックというものがひとつの外国の宗教であるという偏見を持っているうえに、私どもが日本に来ているのは、カトリック教国で失った信者の数を、この異教国で補おうとしているのだと思うのではないでしょうか。

それと、日本と日本人に影響してきた仏教とか神道とかというものは、日本人の実生活とはかけ離れた宗教で、むしろ利用されるもの、単に御利益のためにだけあるものであると考えられています。それから、日本人自体はよく言われますように心で考える国民です。つまりいくら彼らは合理的に説明されても、そこに気持ちというものが伴わないならば宗教を認めようとしないのです。

そして最後に、日本では今（一九六二年当時）千六百人ほどの宣教師が布教に携わっていますが、そのうち日本人の司祭は四百人ぐらいで、後は全部外国人宣教師であります。そして、その大部分の宣教師は戦後に日本に来た人たちであり、日本語はもちろん、日本の伝統や風俗習慣を理解していないのです。今申しましたようなことが日本に於けるカトリック布教の大きな障害となっていて、それがあまり発展していないのではないかと思います。

けれども私は、表面的には大きな成果がなくても、日本の布教には大きな希望を持ちたいと思います。ここ（日本）にも何時かは本当の宗教を理解する時が来ると確信します。まだその時期が来ていないだけなのです。

私自身、個人的に思うことは、この日本の布教事業においては、ただ信者の数を増やすというよりは、誤解され、あまりにも知られていないこのカトリック教会を、彼らに知らせるということこそ私どもの第一の使命ではないかと思います。

もちろん、自分の仕事の結果をその目で見ようとする人間にとって、このことは辛いことであると思います。ですから私ども特に宣教師にとって特別に必要な徳は「忍耐」ということでありましょう。そして、私どもがそこで何よりも求められることは、日本人と日本の風俗や習慣を理解するということと、日本の布教にあたっては、彼らと同等の立場に立つということ、つまり、変てこな、それも良くない優越感を持たないということであります。

もうひとつ、私が指摘し付け加えたいのは、ここ数年間に日本が成し遂げた物質的な復興でありました。第二次世界大戦の敗戦と、それに続く混乱状態にもかかわらず、私が日本に着いた時にはもうすでに現れていました。事実、その時戦後十年で、あの戦争の跡はほとんどありませんでしたし、いろいろな点で復興しておりました。然しながら、特にそれが目立ってなされたのは、私のいたこの七年間です。これは誰の目にも明らかなことです。そして、あらゆる分野においてそれも特に産業と技術の面において著しいものです。

日本はあの敗戦にもかかわらず、れっきとした先進国です。そして特に、日本人は進んだ国民であると思います。事実、日本人は頭も良く、勤勉であり、また忍耐もあると同時に、いつも新しいものを求めようと努力しているのです。そして、そういうことに自分たちの心を向けています。日本では、特に最近では、いろいろな珍しい新しいものが流行しています。もちろん、そういうものを見ていますと、それらのものは大部分西洋から入ってきたものではありますが、日本人はそれをとても上手に日本に順応させているので、それがまるで日本独特のもののように見えるのです。

この復興と、それに対する努力とに日本人は誇りを持つべきであると思います。然しながら、私がここで日本人に望みたいことは、それと同じ努力を、そのようにただ物質的な面にだけでなく、精神的な面に対しても持ってもらいたいということです。

六章　ペルーへの帰国

(一) マルティネス神父との二人三脚

再会

一九七六(昭和五十一)年、日本での宣教活動に終止符を打って、ペルーに帰国した加藤神父は、まず一九六五（昭和四十）年に日本からペルーに赴任していたイエズス会宣教師ルイス・マルティネス神父[114]と再会した。

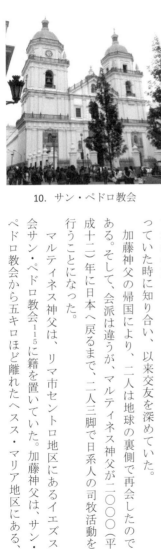

一九五三（昭和二十八）年に日本に赴任し、日本の上智大学と聖イグナチオ教会を活動拠点として布教活動をしていたマルティネス神父とは、上智大学に通っていた時に知り合い、以来交友を深めていた。

10. サン・ペドロ教会

加藤神父の帰国により、二人は地球の裏側で再会したのである。そして、会派は違うが、マルティネス神父が二〇〇〇(平成十二)年に日本へ戻るまで、二人三脚で日系人の司牧活動を行うことになった。

マルティネス神父は、リマ市セントロ地区にあるイエズス会サン・ペドロ教会[115]に籍を置いていた。加藤神父は、サン・ペドロ教会から五キロほど離れたヘスス・マリア地区にある、

11. サン・アントニオ・デ・パドゥア教会

フランシスコ会カナダ管区が建設したサン・アントニオ・デ・パドゥア教会に籍をおいた。

この教会では、一九五〇（昭和二十五）年に日系一世が主体となったフランシスコ会の後援会「コミテ・サン・フランシスコ」[116]が結成され、日系人社会への布教の中心的な存在となっていた。この後援会がカナダ管区長に対し、加藤神父にペルー日系人の布教に携わって欲しいと要望したという背景があった。

この二つの教会には、日系人だけでなくペルー人の信徒も訪れていた。日系人の対応は加藤神父が行い、ペルー人にはマルティネス神父が対応していたが、お互い都合がつかない時は、相手の代わりをすることも多々あった。

よろず屋

加藤神父が行った宣教活動の一例に、結婚式の司式があった。その数は二千組を上回ると言われ、ほぼ全組の夫婦のどちらかが日系人であった[117]。布教以外にも、信徒の日常生活の面倒も一手に引き受け、自らを「よろず屋」と言ってはばからないほど、日系人のためにありとあらゆる支援を行った。

日系人の信徒が家庭内で問題を起こせば、すぐに加藤神父のもとに駆けつけ、悩みを訴えた。神父は悩みを聞いたうえで説教をして、最後は元のさやに戻した。夫婦関係の場合、問題の原因は夫の素行の悪さからくることがほとんどで、神父が夫を諭した。

加藤神父がペルーに帰国して間もない頃に秘書を務めたナンシー・コルドバ・デ・石原氏は、賭け事が好きな信徒の家族が困って加藤神父に相談してきた時のことを憶えている。

12. 加藤神父による筆者の結婚式（1979年）

「加藤神父は『子どもを持ったらちゃんと育てるのが親の責任です。賭け事に没頭していたら、子どもは食べる金もなく妻も困りますよ。どうするのですか』と口酸っぱく説教していました。しかし、何度話しても理解しようとしないと、『それでも日本人の子どもですか。日系人であったらちゃんと責任ある行動をとります。あなたは黒い羊（厄介者）です』ときつく言いました。その親はすみませんと謝りました。そして、加藤神父は『マルティネス神父のところへ行きなさい』と言われ、マルティネス神父のところへ行くと、やんわりと諭してくださいました」

傍から見ると、厳しい加藤神父に対し、マルティネス神父が温厚に接するという、二人の神父の劇を見ているような結束があった。加藤神父が厳格だったのは、日系人には何としても日系人としての矜持を持って欲しいと願ってやまなかったからである。一方、マルティネス神父は、スペイン人として一歩引き、愛と慈悲の伝道に徹した。

マルティネス神父

ここで、マルティネス神父についてひとつの挿話を記しておきたい。

一九九六（平成八）年十二月、在ペルー日本国大使公邸人質事件[118]が起きた時、マルティネス神父は人質となってしまったが、途中で解放された。この経緯を、最後まで解放を頑なに拒否したイエズス会フアン・フーリオ・ウイッチ・ロッセル神父[119]が、後に出版した回顧録に詳細を記している。

13. マルティネス神父

それによれば、マルティネス神父は強度の近視であったが、人質となった際にコンタクトレンズを落としてしまった。盲目同然になってしまったマルティネス神父に、武装集団が解放しても良いと言ってきたが信じることができないでいた。そこでウイッチ神父に相談をした。

この期に及んで、マルティネス神父が、自由に物を見ることも動くこともできないことに気づいた。神父が私に問いかけてきた。

「フアン（ウイッチ神父の呼び名）、私は出て行くべきと思うか？　自分はやるべきことが沢山あるので、ここに残った方がよいと考えているのだが」

もし出てもよいと言うのであれば、そうすべきだと私は答えた。すでに人質の解放が始まっていて、最初のグループはもう公邸の外に出ていて、引き続きどんどん出て行っていた。

「ルーチョ（マルティネス神父の呼び名）、今はぐずぐずできない。あなたは視力低下で能力が著しく落ちているし、拘束の身でここにいても何ができるだろう。解放されるのなら、迷わず出て行くべきだ」

「それでは、明日出て行くことにしよう」

だが、マルティネス神父は、助けてあげなければならない人たちに、してあげるべきことが沢山あり、私を一人でここに残しておきたくもなく、できたら残りたいと執拗に言い張った。

それでも最後には、マルティネス神父を説得することができ、彼は解放された。


その二日後、マルティネス神父はコンタクトレンズを付けて視力が回復すると、教会の上層部に出向き、大使公邸に戻るための許可を願い出た。教会の許可は出たが、警察は許可しなかった。そこで、現場まで行き警備隊長と掛け合った。「私は聖職者で、かつ人質でもあります。健康上の理由で、二日前に公邸を出なければなりませんでしたが、今は健康体であり戻る必要があります」と。

しかし、現場で指揮を執っている警察の将校は「残念ですが、神父様、公邸内にいる人たちを救出するのに、多くの問題に直面していて、これ以上の人質は必要ありません」と諭したという。ついにマルティネス神父は戻ることなく事件は解決したが、その強い自責の念は想像するに余りある。

事件が解決して三年後、すでに七十歳になっていたマルティネス神父は、その頃増加していた日本への出稼ぎ者の支えになりたいとして、日本へ再び戻った。そして、イエズス会の日本管区が管理する老人施設「ロヨラ・ハウス」（東京都練馬区）に宿泊し、日系人の心の助言を続けた。そして二〇〇七（平成十九）年三月七日、心不全のためその施設で七十七年の生涯を閉じた。

マルティネス神父に世話になった日系人が出稼ぎで日本に行き、何かのきっかけで、上智大学に隣接する聖イグナチオ教会内のイエズス会士の共同墓地に神父が眠っているのを知り、わざわざ墓参したという話を何度か聞いた。それほど慕われていた方であった。

（二）西和辞書の編纂

日本の心を忘れないために

加藤神父は日系社会という羊の群を導いていく牧童としての思いが強かった、と石原氏は言う。そのため、日系人に厳格に接し、理解されないと、時として我を忘れ、日本語で怒りをあらわにすることさえあった。

日本での長年の布教活動が、加藤神父を精神的に大きく変えていた。日系人と接する時、日本を思い出した。自分が苦労して日本語を学んだように、日系人も日本語を学び、日本の心を忘れない日系人であって欲しかった。

　このことをさらに強く意識するようになったのは、ボリビアのサンタ・クルス近郊にある日本人移住地（オキナワ第二移住地）[120]にある教会に何度か招請され、短期間日系人に宗教的な指導を行った経験だった。

　戦後に沖縄県の出身者が数多く移住し、ほとんどが農業に従事していた。まるで日本の村がそのまま移動してきたようで、日本の生活習慣が色濃く残り、日本語学校では宮崎カリタスのシスターたちが教鞭をとっていた[121]。この南米の地に、自分が理想としている日系人の生活を見た思いがした。

　日本からペルーへ移住してきた一世は、日本的な心や習慣を全身に背負ってペルーの土地を踏んだ。それまで日本以外の国のことなど想像したこともなかっただろう。だから、ペルーという異国にあっても、何とか日本の生活習慣を再現しようと努めた。

　ペルーで生まれた二世は、そのような親の生活を見て育ったので、ある程度の日本的な習慣を身に付けた。例えば、家に小さな神棚があり毎日拝む習慣、葬儀で香典《こうでん》を包むことや、初七日《しょなのか》や四十九日《しじゅうくにち》の法要を行うことなどがある[122]。

　三世や四世になると、日本的習慣を身に付けた親も少なく、どうしても日々の生活からペルー人であるという自覚が強くなっている。日本語も二世ほどは使えない。加藤神父は、宣教活動をしながら世代間の差を痛感し、そのような後世の日系人にも日本語を学んで欲しい、また日本の心を受け継いで欲しいと考えた。

だから、マルティネス神父から西和辞書を作るのはどうかと提案があった時、加藤神父は協力を惜しまなかった。どちらかと言うと加藤神父の主導で編纂作業は行われたと、石原氏は語る。

辞書の完成

まずマルティネス神父がスペイン語で原稿を書き、それを加藤神父が翻訳した。サン・ペドロ教会での約四年間、聖務を終えた夜をこの作業にあて、寝る間も惜しんで編纂し、一九八〇（昭和五十五）年、ようやく完成した。

14. 西和辞書

この西和辞書『Diccionario Español-Japonés』はA五版一一〇〇頁の豪華なもので、日本語がローマ字で表記されている。そのため、スペイン語圏の人にとって日本語を学ぶのによい辞書であった。価格設定は二十ドルだった。

加藤神父はよく秘書を連れて日系人の家を訪問し、秘書にその家の家系図と電話番号を聞き出すよう指示していた。それらを集めて、独自の日系人の住民台帳を作り、布教活動に役立てていたが、この辞書の配布にも役に立った。

その台帳にある信徒の住所に辞書を直接送り、受け取った信徒から定価二十ドルを払ってもらうことにしたが、ほとんどの信徒が多めの金額を払ってくれた。辞書は、日系人の間で好評を博し、自費で刷った二千部はすべて完売した。

加藤神父がペルーに戻った一九七〇年代は、日系人の商売や事業は総じてうまく行っていて、加藤神父の寄付の申し出に快く応じてくれていた背景があった。

独特の嗅覚

生活に苦しむ日系人たちには、支援の手を差しのべた。日夜奔走して富裕者から寄付金や支援物資の提供を募り、教会の内部に作った倉庫に保管し、必要とする困窮者に配った。

加藤神父には独特の嗅覚があり、悩んでいる人がいると、どこからかそれを聞きつけて、その人の家まで行って寄り添い、心の安らぎを与えていた。頼んでいないのに、加藤神父自ら家まで来てくれたという経験がある人は少なくない。

ただ、沖縄出身の日系人への布教活動では相当苦労した。ペルーへ移住した日本人の六割以上は沖縄県人であった。二世以降はスペイン語で話が楽にできたのだが、沖縄語しか話せない一世の人たちとの意思疎通は難しく、さすがの加藤神父も宗教的な話をするのに苦労した。

そこで一計を案じて、沖縄県のシスターにペルーまで来てもらって、宣教活動を支援してもらおうと思いついた。思いついたらすぐ実行に移す性格の加藤神父は、さっそく沖縄へ飛んだ。

一九八六（昭和六十一）年、沖縄県島尻郡与那原《よなばる》町にある与那原修道院[123]が加藤神父の要請に応じ、シスター久場千代《くばちよ》[124]とシスター徳田節子《とくだせつこ》[125]を派遣した。シスターたちは沖縄県出身者の家を一軒一軒回って沖縄県人への布教に尽力し、多くの改宗者を得ることができた。

シスター久場の報告[126]によれば、これまで洗礼を受ける暇がなかった沖縄県人の一世の中に、これからでも洗礼を受けようと準備している人たちがいた。八十歳に近い一世が二人、初聖体を受けることになった時、足が不自由で教会へ来ることができなかったが、加藤神父が御聖体のお伴をしたそうである。

日系社会へ寄り添う

加藤神父は日系社会に寄り添い、あらゆる支援を惜しまなかった。だから日系人にとても慕われていた。後年、それを示すひとつの例がある。

加藤神父が高齢となり運転をやめた後、その車はエンマヌエル老人ホームの公用車になった。定期点検で日系の整備工場に持って行くのだが、持ち込む時は運転手だけで行く。しかし、受取には加藤神父が同行する。すると、整備工場では神父の顔を見るなり整備費は受け取らない。

ある整備士が「タイヤがすり減っているので、新しいのと交換した方がよいですよ」とアドバイスした時は、交換してもらって神父が一緒に支払い窓口に行くと、ここでも代金は受け取らない。

さらに加藤神父は、日系人だけに限らず、ペルー人であっても貧しさで困っている時は、日系人から寄付してもらった食料品や家庭用品を分け与えていた。今でもその当時を思い出し、感謝するペルー人たちもいる。

シスター久場によれば、加藤神父は求める人を断ることがなかったそうだ。加藤神父の人柄を表すこんなエピソードがある。

ある日の夕暮れ時、教会の前で加藤神父が車に乗ろうとしていたら、二人のペルー人が来てお金をねだった。加藤神父は問いただすこともなく、その二人が求めるバス運賃を手渡していた。それを見たシスター久場は「彼らは嘘を言っていたのですよ」と言ったのだが、加藤神父は「あの素晴らしい演技には金を出す価値があるよ」と返したそうである。

畏敬の念に堪えない。

(三)　エンマヌエル支援会

養老院での揉め事

加藤神父がペルーへ帰国して宣教活動を始めて間もない頃、ブラジル通りにある養老院[127]を慰問した。その当時、日系一世の老人がおよそ六十名入居していた。その養老院を運営している修道会[128]のシスターたちが、毎日托鉢《たくはつ》をしながら入居者の世話をしていたのを見て心を動かされた。

また、入居者のうちの二人に揉め事が起こっていた。原因を尋ねると、片方が、当時のインカ印タバコ一箱分に相当する金額を盗まれたと言った。つまり、入居者は小銭すら持っていなかった。

加藤神父は、日本の親族が老齢年金を受給していたことを思い出して、すぐに日本の領事館に行って、この二人の老人に老齢年金が支給できないか問い合わせてみた。しかし、海外に在住の人には適用されないと言われた。

そこで県人会や村人会に対して、この養老院の入居者には援助が必要だと訴えた。幸いその願いは聞き入れられ、賛同者のグループが継続的にこの養老院に入居している年寄りを訪問し、支援する活動を始めた。以後四年間、加藤神父はこの養老院への寄付を募るため歩き回った。

深刻化する社会問題

この頃、ペルーは歴史的な転換点を迎えていた。一九八〇（昭和五十五）年、十二年間続いた独裁的軍事政権[129]に終止符が打たれ、ついに民政に移ったのである。軍事政権は、期待をかけた国民の意に反して、軍人関連の事業だけに力を入れ、国民のためにはほとんど何もしなかった。ペルーを社会主義化するという野望が、国民の声に負けたのだ。

軍事政権下で最低限まで減らされた宗教と道徳教育により、ペルー人の道徳心は著しく低下した。山岳地帯のアヤクチョ市[130]で反政府運動が活発化し、センデロ・ルミノソ（輝ける道）というテロリスト集団[131]が生まれ、十四、五年間にわたり多大な被害を出していた。

テロと農地政策の失敗で山岳地帯を追われた人々がリマへ流入した一九八〇年代は、リマの人口は八百万を超えてマンモス都市と化したが、そのほとんどが教育をまともに受けていない人々であった。

加藤神父が生まれ育った頃のペルーのリマ市は、こぢんまりとしていて、住民のほとんどが生粋のリマ人であった。礼儀も道徳心もあり、子どもであった神父たちがそれに反することでもしようものなら、その場で大人たちに大目玉を食らったものであった。

しかし一九七〇年代後半にかけて家庭崩壊が目立つようになり、何の責任もない子どもたちがその煽りを受けた。ストリートチルドレンが増えて街をさまよい、ひったくり事件を起こすなど、リマでは社会問題が多発するようになった。

エンマヌエル支援会の結成

これを見かねたのは日系人二世で初めて修道女となったシスター当銘《とうめ》クララ[132]だった。シスター当銘は、困難に直面する子どもたちを収容できる施設を創れないものかと考えるようになった。当時、比較的裕福な生活をしていた日系人の援助を求めたかったが、シスター当銘が所属していた「プラハの幼きイエズス修道女会」[133]には他に日系人はいなかった。そこで、加藤神父に橋渡しを頼もうと考え協力を願い出た。

加藤神父はその頃、ブラジル通りにある養老院への支援を募るなど社会事業に手を染めつつあった。また、日系人二世として初めて神父になった自分が、カトリック教を通じて日系人社会を啓蒙していこうという希望に胸を膨らませていた。同じ日系人であるシスター当銘から持ちかけられた孤児施設を建設する話は、これから自分がやっていきたいことと重なっていた。

加藤神父は、貧しくて社会から疎外されている弱者に愛の手を差しのべたいと強く思っていた。街を車で走っていて信号待ちをしている時も、物乞いのため近づく貧しい人には必ず小銭を与えた。また通りを歩いている時にも同様に施しをしていた。寄《よ》る辺《べ》ない子どもたちへの支援は、加藤神父のごく自然な愛情の発露だった。

加藤神父は、日系人社会の英知を結集して構想を実現させようと、日系人の有力者のひとり、丸井ヘラルド氏[134]に相談した。丸井氏には、やることが多いわりに規模の小さな事業に思えたが、加藤神父はたとえ小さな活動でも、人間の一生を左右する極めて重要な事業だと訴えた[135]。

丸井ヘラルド氏と丸井イサベル夫人は、有馬《ありま》ローサ氏、森谷《もりたに》ローサ氏、柏原《かしわら》ローサ氏、金本《かねもと》アナ氏、池田徳子氏、池宮城《いけみやしろ》秀長氏、土佐修造氏、吉開《よしかい》フアン氏、小波津《こはつ》エレナ氏、仲松《なかまつ》フアン氏、田熊アントニオ氏、川下《かわした》マヌエル氏と小松谷《こまつだに》ペドロ氏[136]に声をかけ、一九八一（昭和五十六）年、支援グループが結成された。

加藤神父はこのグループを「エンマヌエル支援会」と呼ぶことにした。エンマヌエルとはラテン語で「神はいつも私たちと共にいる」という意味である。これが、後日正式に公に登録されることになる「エンマヌエル協会」の前身である。

これ以降、加藤神父は生涯を通じ、養護施設事業に深く関わることになった。

七章　托鉢の旅

（一）エンマヌエルホームの建設

悪を善で返すため

一九八一（昭和五十六）年、寄る辺ない子どもたちの施設を作りたいというシスター当銘の思いを受け、加藤神父を中心に結成されたエンマヌエル支援会は、まず二年間をかけて施設建設に適当な用地を探し回った。また、資金を調達するため寄付を募ることになり、婦人グループを組織して、資金集めのためさまざまな催しを行った。

しかし、支援会はいくつかの障害に突き当たった。ひとつは、一世が寄付を渋ったことだった。太平洋戦争でペルーは米国に同調して日本に宣戦布告し、ペルーに定住していた日本人移民とその家族を迫害し、家宅や店舗を没収した。一世の人々は、営々として築いてきた資産が一朝にして無に帰すという悲惨な目に遭った苦い経験を未だに生々しく憶えていた。

それに対して加藤神父は、「恨んでみても何もならない。この小さな神の事業は寄る辺のない子どもたちを助けるためのものであって、ある一部の人間が犯した罪をペルー国民全体が償わなければならないということはあり得ない」、また「悪を悪で返していたら、悪の連鎖は止まらない。悪を善で返すから、そこに和解が生まれる」とひとりひとりに説得してまわった。

地道な募金活動の結果、二年後には募金額は三万ドルになった。さらに、スイスのカリタス会から一万一千ドルの寄付を受け、建設資金は四万一千ドルに達した。また、ペルー政府との交渉の結果、用地を一か所提供してもらえることになった。

不法定住者との交渉

この用地はリマ国際空港の近くで、周辺住民は孤児院の建設に反対した。加藤神父は聖職者として隣近所といざこざを起こすことは望まなかったので、支援会は別の場所に用地を探すことにした。

この時、用地探しに吉開フアン氏が奔走し、リマの北西約五十キロメートルにあるプエンテ・ピエドラ地区[137]の区長で吉開氏の友人だった比嘉《ひが》ルイス氏が、四千平米の土地を提供してくれることになった。さらにシスター当銘の尽力で、その土地に隣接した「繕《つくろ》った心」修道会[138]の所有する六千平米の土地を譲り受けることになり、合わせて一万平米の土地を確保した。

ところが、その土地は半砂漠地帯の砂地で、すでに一部は不法に定住している人々がいた。彼らの侵入を防ぐため土地を塀で囲う案も出たが、資金不足で実現しなかった。そこで話し合いで解決することになった。

この問題の最中、委員長の仲松フアン氏が建築技師のフェルナンド・オヘダ氏[139]に委員会に加わって欲しいと依頼した。オヘダ氏は定住している人々との話し合いを主導し、粘り強く交渉した結果、彼らに三千五百平米の土地利用を認め、残りの六千五百平米に施設を建設することになった。

オヘダ氏は、「いろいろな問題があったが、土地に関する書類を全部整理できた時には、この事業に神の御手がさしのべられていることに気がついた」と回顧している。

この施設の建設を提案したシスター当銘は、次第にエンマヌエル支援会のメンバーと考え方が食い違うことが多くなっていった。シスター当銘が自ら日本へ支援金を集めに訪問したこともあったが、言葉の壁に阻まれ、加藤神父のようにはうまくいかなかった。

結局、支援会はシスター当銘に役職を退くように要請し、両者は数年で袂を分かつことになった。エンマヌエル支援会は、このことが日系社会のスキャンダルにならないよう、養護施設の建設と、その後の維持管理の責任を全面的に担うことにした。

第一期工事

支援会が発足してから二年後、一九八三（昭和五十八）年四月三日、プエンテ・ピエドラ教区の主任司祭により養護施設を建設するための定礎式が行われた。司祭は「これまで多くの定礎式に立ち会ったが、それらはすべて完成までには至らなかった」と述べた。この言葉に、支援グループは怯《ひる》むどころか、むしろ挑む気概を駆り立てられた。

加藤神父は、聖務のかたわら資材を提供してくれる支援者を各方面に募った。支援は続々と集まり、セメント、鉄筋、レンガ、砕石等が教会の空き地に持ち込まれた。週末には、自分で車を手配し、五十キロメートル離れたプエンテ・ピエドラ地区まで資材を運んだ。建設は日系の建設会社140が請け負った。

加藤神父は聖務もほどほどにして、心はいつも施設建設のことでいっぱいだった。無からの愛の行為が実際に形として現れる様子を見る喜びは言い尽くせないものがあった。

まだ基礎工事もできてない砂漠の砂地に四本の杭を立て、二枚の大きなムシロで覆って屋根とし、側面は古タイヤを並べて、二十平米くらいの粗末な礼拝所を作り、周辺のカトリック信者を集めてミサを行った。周辺には近くに教会がなく、住民は喜んで参集した。

15. エンマヌエルホームの入り口

だが建設中には、多くの障害に見舞われた。そのひとつは、上下水道が敷設されていなかったことだった。解決策として、上水は約二十キロメートル離れた地区から井戸水を運搬し、下水は汚水槽を作ることにした。

定礎式から五か月で寝室が四部屋・多目的部屋・食堂・洗濯場からなる第一期工事が完成し、九月十九日に開所式を行うことができた。プラハの幼きイエズス修道女会から二名のペルー人シスターが責任者となり、八名の子どもたちの世話をすることになった。

この養護施設は「オガール・エンマヌエル（通称「エンマヌエルホーム」）」[141]と呼ばれ、各地方から寄る辺のない子どもたちが集まった。二年目には三十名、五年も経たないうちに五十名になった。それほどこの施設は必要とされていたのだった。

日本での資金集め

加藤神父は、支援会を結成した当初から、養護施設に加えて「診療所」「若者の施設」「技術学校」「老人ホーム」の建設も考えていた。完成に二十年はかかると思われるほど壮大な計画であった。この中で実現したものは「診療所」と「老人ホーム」だった。

この計画には、エンマヌエル支援会の慈善活動が周辺地域から孤立した存在であってはならないという加藤神父の強い信念があった。エンマヌエル養護施設が寄る辺ない子どもたちへ教育や医療を提供するだけでなく、地域に住む住民に資するものでもあってほしかった。加藤神父が示す大きな事業への目標を見据えながら、養護施設の第二期の拡張工事は進められた。

この工事の完成のため、支援会は引き続き資金集めに奔走した。婦人グループは、施設の子どもたちの母親代わりをしながら、さまざまな催しを行って支援金を募った。加藤神父は、バブル景気に沸く日本企業に援助を求めるため、一九八五(昭和六十)年、日本まで赴いた。

しかし、残念なことに、日本企業からの資金集めはうまくいかなかった。ペルーに進出していた日本の大企業が一社も寄付に応じてくれず、冷たい心に接した思いで、加藤神父は落胆してペルーへ戻った。以後は日本での宣教中に知り合った神父や信徒を頼ることにした。

北海道から沖縄まで津々浦々を巡るその旅は「托鉢の旅」と呼ばれ、一九八五(昭和六十)年から二〇一〇(平成二十二)年までほぼ毎年続けられた。最初の十年間の旅費はカナダ管区が、その後の十四回はエンマヌエル協会（旧・エンマヌエル支援会）が捻出した。

善意溢れる寄付

托鉢の旅へ向かう際は、カナダ経由で日本に赴いた。年末を挟む時期が多く、滞在期間は二、三か月に及んだ。日本以外にもスペイン、カナダ、米国まで足を伸ばしたこともあった。

加藤神父は、以前日本で修道生活をしていた時、一九六八（昭和四十三）年から二年間、ペルー大使館の文化参事官を務めたことがあったので、托鉢の旅で日本を訪れる時は、必ずペルー大使館を表敬訪問した。神父はどの大使とも懇意になり、慈善活動を支援してもらった[142]。

旅の道中、カトリック信者を中心とした善意溢れる人々や団体からも貴重な寄付を受けた。病院で一か月間働いて得た給料の全額を渡してくれた人、身体障害者の息子が貯めた一円玉を大きな袋一杯に渡してくれた人もあった。

16. 安井神父

また、知り合いの安井光雄神父[143]が電話で、「信者のひとりが百万ドル相当の遺産を寄付してくれたので使って欲しい」と申し出てくれたことがあった。このとき、成田空港へ行く途中だった加藤神父は、急遽ペルー行きの飛行機に乗るのをやめ、安井神父のもとへ駆けつけた。

ある支援者は、十年間をかけて十万ドルもの支援金を送ってくれた。スペイン在住の友人藤本アルベルト氏は、地元の友人たちと協力し合い、毎年六千ドルから八千ドルを支援してくれた。カナダの篤志家《とくしか》からは十年間にわたって毎年八千ドルが届けられ、米国からも二万ドルの支援を受けたこともあった。

托鉢の旅により、日本のカトリック信者、聖職者、宗教者、慈善団体、企業などが支援を申し出てくれたおかげで[144]、養護施設などの建設費用の九十五パーセントを賄うことができた。残りの五パーセントは、カナダの教会組織、カリタス・スイス、リマの日系社会の支援を受けた。

第二期工事

養護施設の増築を進める一方、支援会は周辺のコミュニティにも支援の手を差しのべた。一九八五（昭和六十）年、ペルー政府が養護施設の近くに小学校[145]を建設することになった際、エンマヌエル支援会が十六教室のうち十一教室を寄贈したのである。これにより、養護施設の子どもたちは優先的にその小学校で教育を受けることができるようになった。

また、養護施設の管理と子どもたちの育成を任されていた「プラハの幼きイエズス修道女会」に属するシスターたちが居住する「志望者の家」や、責任者専用の別室の建設も進められた。一九八六（昭和六十一）年までに百人の子どもを収容できるほどの部屋、講堂、礼拝室などが増築され、エンマヌエル養護施設の第二期工事が無事完了した。

一九八九（平成元）年九月十八日には、日本人ペルー移住九十周年を記念し、支援会は養護施設の事業をペルー側に贈呈した。九十年前に日本からの移住者を受け入れてくれたペルー国民に対する感謝の気持ちが込められていた。養護施設の運営管理を任されていた「プラハの幼きイエズス修道女会」がその受け渡し先となった[146]。

加藤神父は、「この工事の完成は、決して豊かとは言えない外国に住む人々が持つ慈悲の心が実ったものである。このような温かい心を持った人々から受けた厚意を一生忘れない」と謝辞を述べている[147]。

托鉢の旅先—仙台

筆者は、加藤神父が托鉢の旅で訪れていた仙台で、ある女性にインタビューをする機会に恵まれた。

その女性は、長年美容院を営みながら、ペルーやアフリカのコートジボアールでボランティアをしたことがあった。ペルーでは、リマのコラソン・デ・マリア教会（Iglesia del Inmaculado Corazon de Maria、マグダレーナ地区）の斜め向かいにあるシングルマザーの職業訓練所で一か月ほど裁縫を指導した。もちろん、その時は加藤神父の存在など知るよしもなかった。

美容院の近くに聖ウルスラ修道会があり、修道女たちが髪結いのためにやってきた。その関係で、彼女はカトリック信者ではないが、美容院に募金箱を置き、定期的に集まったお金を修道会に持参していた。

ある時、聖ウルスラ修道会の会長から、托鉢の旅で仙台を訪れていた加藤神父を紹介された。加藤神父は、立て板に水のような話しぶりで、ペルーで手がけている社会事業の話をした。養護施設の子どもたちのことや、診療所の夢などの話を滔々《とうとう》と熱弁した。彼女は圧倒され、ただ「はい、はい」と答えるのが精いっぱいだったそうである。

これ以降、彼女は募金箱だけでなく、自作の手芸品や、加藤神父が仕入れたペルーの民芸品をバザーなどで売り、それらの収益金を貯めた。加藤神父は托鉢の旅で、クリスマスの時期に仙台を訪れることを忘れなかった。彼女は、神父が仙台に来ると集めたお金を手渡した。

彼女は「毎年、その日を一日千秋の思いで待っていた」と話してくれた。

加藤神父が帰天した後も、募金箱に支援金を集め、ペルーに行く人に託して老人ホームに届けている。夜なべをしてまで作っていた手芸品は、体力が落ちたので、今は作っていないとのことだった。

筆者は冒頭で加藤神父を「ペルーの良寛和尚」と述べたが、この話を聞いて良寛和尚が晩年恋心を抱いた貞心尼《ていしんに》のことを思い出した。加藤神父が情熱的に夢を語る光景は、さぞかし美しかったことだろう。

托鉢の旅先—東京

加藤神父は托鉢の旅でいつも東京都文京区にある関口教会を訪れ、支援者の人たちと再会していたが、ある時、こんなことがあったそうである。

支援者たちは、六本木の全日空ホテルのレストランに加藤神父を招待し、「一番美味しい料理を食べてください」と神父にメニューを渡したところ、「一番安いのは何ですか」と聞き返された。

「カレーライスではないですか」と言ったら、神父はそれに決めたので、支援者も皆カレーライスを注文した。

加藤神父は「贅沢をしなければ、十円でも二十円でも、百円でも持って帰ってやれます。それで子どもたちのおやつ代が出ます」と言ったので、全員でカレーライスと定食などとの差額を集めて、加藤神父に手渡した。

日本で接待を受けている時、加藤神父の頭に常にあるのは施設の子どもたちの姿であった。この自分の境遇の何分の一でもいいから、子どもたちに味わわせたい思いがあった。

養護施設の正門に車を停めてクラクションを鳴らすと、加藤神父の存在を嗅ぎつけて、まず犬が吠えてまとわりついてくる。その吠え声を聞いて、子どもたちが「ガトー、ガトー」と叫びながら近寄ってくる。スペイン語で猫の意味の「ガトー」ではなく「カトー」だと言っても、子どもたちは聞こうとはしない――

17. ホームの子どもたちと

この一瞬が、加藤神父に幸せを感じさせてくれた。この子どもたちが平穏に育ってくれるように、あらゆる努力を惜しまない勇気が湧いてきた。

加藤神父は、届いた食料品などの贈り物を子どもたちに配るのが楽しみで、ポケットにお金があれば、施設に赴く道中で子どもたちが喜びそうな食べ物を買って持参した。子どもたちの数が多く、全員を満足させることは難しかったので、どのように配分するかにいつも頭を悩ませていた。

（三）寄る辺ない子どもたちのために

伝統的精神の修養の場

一九九六（平成八）年、七十歳を迎え加藤神父は知人に宛てたメールの中で、「エンマヌエル養護施設は、私にとってこの世で最後で最も大事な事業になるのではないかと思います」と書いている。体力的な限界を感じながらも、「神様がお力を与えてくださる時まで頑張り引退するつもりは毛頭ありません」と覚悟をにじませた。

加藤神父は、子どもたちの中に砂漠の空気が原因で呼吸器系の疾患に苦しむ者がいれば、柳の並木を植えた。人間らしい生活ができる環境を整えるだけでなく、将来世間を渡っていく力を身に付けさせたいとも思った。

そこで、野菜や花の栽培の技術を学ぶ菜園を作った。その収穫を餌にしてクイ[148]、アヒル、ウサギ、鶏、七面鳥といった家畜を飼う小屋を作った。パパイヤ、バナナ、マンゴー、リンゴ、レモン等の果樹も植えた。

加藤神父が子どもたちに修養して欲しかったこととは、日系人が祖先から受け継ぐ伝統的精神「正直・勤勉・精励《せいれい》」を基本理念とした生き方そのものだった。そのきめ細やかな指導について、当時、ホームで子どもたちの世話にあたったシスター久場は次のように報告している[149]。

「砂漠の山に太陽が傾いたら、子どもと共に外で土運びの作業をするとか、また、子どもたちに、日常心地良く暮らせる生活の習慣をといって、ゴミ箱を施設内に増やして、周囲を清潔にとか、また、借りた物は返す習慣を付けるために、自分の持参したボールペン、消しゴム、のりなどを貸し出したり、返させたり、目立たないことですが実行しています。他の目からはあまり評価されない、このようなことにもエネルギーを注ぐ加藤神父の謙虚さに感心しています。子どもたちに空手や歌など日本の文化も伝えています」

規則正しい生活

エンマヌエル養護施設は、プエンテ・ピエドラ地区とベンタニージャ地区の間にあるサパヤル、プエンテ・ピエドラ、ミ・ペルーなどの貧困スラム地帯に建設された。学校施設の整備が行き届かず、生活に必要な収入が確保できないなどの理由で、学校に通う子どもは極めて少ない。

家計を支えるため子どもたちは働かなければならないが、収入を得る方法は限られている。そのため、子どもたちが窃盗を犯すことが多い。親からの虐待に遭う、家庭崩壊により育児が放棄されてしまう、親が事故や病気で倒れても医療がなく治療ができない、麻薬の常習により育児ができないなどの状況に追い込まれる場合には、子どもたちは行き場を失い、ストリートチルドレンとなって心身が健全に育つ機会が与えられない。

養護施設では、子どもたちの中に幼少期の栄養不良のため神経に機能上の欠陥を患う者がいれば、体育を通じた療法を施し、精神的に不安定で暴力的な者がいれば、日本政府が無償援助したノグチ精神病院の協力で診療を受けさせたりした。

加藤神父は、子どもたちの代理父母となる支援者を募り、子どもたちと直接触れあうことや、養

18. エンマヌエルホームの中庭にて

育費を支援する制度を設けた。支援者と子どもたちが人として尊敬し合い、喜びを分かち合うことで、慈愛のもとに人として健全に成長することを大切にした。

養護施設での生活は規則正しくさせた。平日は五時半に起床し、まず施設内の掃除を全員で行った。七時頃に朝食を済ませ、小学生は午前中に学校へ登校。中学生は午前中に宿題か施設内の掃除や手伝い等を行い、昼食をとった後で午後に登校した。

小学生は午前授業が終わると下校して施設で昼食をとり、十三時頃には食事の片付けを済ませると、中庭で自由時間となった。そして十五時頃になると宿題、施設内の掃除、手伝い等を行った。十八時頃、中学生が下校し、小学生は夕食をとる。中学生は十九時に夕食をとると、小学生と共に宿題をした。

週二回ほど、施設外から家庭教師が来て、中学生に指導も行った。週末は、各自の服の洗濯や宿題をしたり、ボランティアと遊んだり、食事の準備の手伝いをしたりしながら過ごした。また、瞑想の家の利用者が宿泊する場合、その食事の準備の手伝いや後片付けも行った。

19．チョコラターダの行列（老人ホームの外周に沿って）

チョコラターダ

その他に行事として、月に一度、日曜日に家族が会いに来る日が定められていた。家族のいる子たちは中庭に集まり、家族との嬉しい時間を過ごし、親に甘えることができた。一方、誰も会いに来てくれない子たちは、部屋で折り紙や編み物などをして静かに過ごした。

また、月に一度、日系婦人会がやって来て、その月に誕生日を迎えた子たちを皆で祝った。

必要に応じて、加藤神父や他の神父によるミサも行われた。クリスマスのミサは、加藤神父の司式で全員が参加し、食事会をした。最初は施設内で行っていたが、後に老人ホームが建設されると、そちらへ出向いて行うようになった。

また、加藤神父の発案で「チョコラターダ」というチョコレートやその他の贈り物を配布するクリスマス行事も行うようになった。最初は、支援会や婦人会のボランティアがココア豆から抽出したココアに牛乳や砂糖を加えた温かい飲み物を作って周辺住民の子どもたちに飲ませ、玩具の贈り物を配った。

のちに参加者が増えて、飲み物を作る手間が容易ではなくなったため、飲み物はやめることになった。

その代わりに支援会が日系企業だけでなく、ペルー企業や個人にも寄付を呼び掛け、食料品や「パネトン（PANETON、ペルーのクリスマスケーキのようなもの）」などを集めて贈ることにした。施設の子どもたちは恩恵に与らないが、準備や後片付けのために協力した。

コンサートを行う音楽グループも結成された。若い音楽指導者のもとに、ペルー独特の楽器に興味がある年長の子どもたちが集まり、空いた時間を利用して腕を磨いた。施設外からの要請があれば演奏に出向くこともあった。

子どもたちが成長すると、施設を出た後も自活ができるよう職業訓練を行った。パン製造、美容、靴や眼鏡の製作、レンジ用練炭の製造、コンピューター教室などを開設した。責任感を持って勤勉に取り組めば、成果が得られることを教えた。やがて、大学への進学を希望する子どもたちも出てきて、将来医師や教師など上級職に就く夢も膨らむようになった[150]。

子どもたちの健康管理

養護施設が開所して五年が経ち、すでに五十名を超える子どもたちが集まるようになった頃、近くに病院がないことが課題になっていた。加藤神父は子どもたちの健康管理のため、小児科と歯科の診療室を設けたいと考え、まずは養護施設の一角に小さな診療所を設置することを検討した。

支援会メンバーの仲松フアン氏は、その考えを広げ、養護施設の子どもたちだけでなく地域住民の医療にも供する診療所にしてはどうかというアイディアを出した。当初、この地区には三、四千人の住民しか住んでいなかったが、都市化現象が進み、住民の数は二十万人を超えるまでに膨れ上がっていた。

支援会の中心メンバーだった日系二世は、一世の両親に小さい時から「できるだけ早く経済的独立を目指せ」と言われたものだった。エンマヌエル養護施設をひとつの大きな家庭であると考えれば、隣近所からの援助をあてにするのでなく、この施設も自立の道を探し求めねばならなかった。

人口増加に伴って病院が必要とされているこの地区で、十分な設備と人材がそろった医療センターを設ければ、その収益金の一部から養護施設の運営資金が得られる可能性があった。

20. 診療所の胸像の前で坂猪医師と

小さな診療所の開所

一九八九（平成元）年、加藤神父は、診療所の建設資金と医療器材の調達を主な目的に日本への「托鉢の旅」へ向かった。幸いにも資金的に目途がついたので、加藤神父はオヘダ氏にすぐ電話をした。建築技師であるオヘダ氏は、早々に設計に着手し、一九九〇（平成二）年九月には診療所を開所することができた。

この診療所の所長には、加藤神父の要請を受けて坂猪《さかいの》ハイメ医師[151]が着任し、多い時は一日に五十人以上をひとりで診察した。患者が増えるに従い、医師や看護師の数を増やし診療体制を充実させていった[152]。

加藤神父は、日本で中古の医療器材の寄贈を受けたが、ペルーに持ち込む際に税関で長期間にわたり足止めされてしまった。結局、待っている間に器材は故障してしまい、ペルーで同様の器材を購入せざるを得なかった。

眼科器材と歯科器材は日本のロータリークラブからの寄贈[153]、その他の医療機器は在ペルー日本国大使館からの供与を受け、診療所の拡充が図られた[154]。

診療所は、養護施設の子どもと地域住民の健康管理に寄与することを目的に設立されたものだったので、加藤神父はその趣旨を忘れないよう経営に気を配った。特に、初診料は低く抑え、地域住民の収入で十分賄える範囲内にするが、それも払えない低所得者に対しては、無料でも構わないと言った[155]。

一方で、できるだけ出費を抑えた。加藤神父の奉仕精神に賛同する日系人医師を主体に集め、なかばボランティアで診察や治療をしてもらった。医師のほとんどがリマ市内に在住していて、リマでの業務も兼務しながらの片道五十キロメートルもの通勤は大変だったので、毎日運行されている送迎バス[156]を利用して、週二、三回の頻度で診療所に来てもらうことにした。

開所から五年後の一九九五（平成七）年に施設を訪問したカリタス・ジャパン事務局長（当時）山本遼《はるか》神父[157]の記録によれば、一日平均百名の診察患者を非常勤医師二十一名、検査技師三名、受付係二名、看護師十二名、運転手と用務員がそれぞれ一名で対応にあたった。一回の診察料は三・五ソーレスだったが、支払えない貧しい患者は十パーセントもいた。結核患者の診察料は無料とした。さらに、エイズやコレラの対策室も設けた[158]。

21. 山崎崇氏（左）山本遼神父（右）と

養護施設の一部に小さな規模で設けられたこの診療所は、一九九八（平成十）年までに三百名の患者に対応できる施設の拡充を目指した。そして後述する、地域の医療センター「エンマヌエル総合診療所」として成長していくことになった。

ちなみに山本神父は、一九九五（平成七）年に加藤神父の慈善事業の現状を視察した際、エンマヌエル協会の幹部とも懇談している。山本神父は日本に戻ると、スペイン音楽の普及に尽力していたギター演奏家の山崎崇《たかし》氏と共に、一九九六（平成八）年「エンマヌエル子どもを考える会」を設立し、顧問となった。山本神父は山崎氏と協力して、日本側の受け皿となって加藤神父を支えた。

後日の話になるが、二〇〇九（平成二十一）年十月四日、加藤神父の心臓が五分間止まる緊急事態が発生した時、山本神父は同会の代表として急遽リマへ飛んだ。二〇一七（平成二十九）年一月六日の加藤神父の逝去に接しても、すぐにリマへ飛び葬儀に出席した。山本神父は、加藤神父にとり弟子のような存在だった。

八章　小さな神の御業

（一）エンマヌエル協会と総合診療所

支援会から協会へ

一九八三（昭和五十八）年にエンマヌエル養護施設、その七年後には診療所が開所すると、エンマヌエル支援会は本格的に事業を運営する必要に迫られた。そこで、一九九三（平成五）年九月二十七日に名称を変更し、「エンマヌエル協会」[159]として正式に公的な社会事業団体として登記された。

エンマヌエル協会は、二年ごとに会長以下役員を選出することになった。支援会の創設から熱心に貢献してきた仲松フアン氏が初代会長となり、副会長には田熊アントニオ氏が選ばれた。加藤神父は、自ら顧問という役職を望み、表に出ることを控えた。だが、エンマヌエル協会は、加藤神父が描く夢を実現するための組織と言っても過言ではなかった。

エンマヌエル協会の活動範囲はペルー国内に限られたため、外国との折衝は加藤神父ひとりの肩にかかっていた。協会の役員とは言え、各自職業に従事しながら無償で協力するボランティアであるので、実際のところ、とても国外まで手を広げる余裕はなかった。

さらに言葉の問題もあった。二世であっても加藤神父のように日本人と意思の疎通ができる人は役員にはいなかった。托鉢の旅で日本から多くの支援を募ることができる加藤神父の存在は、そのような意味でも貴重であった。

エンマヌエル協会がまず直面したのは、養護施設や診療所の拡充や維持費を賄うため、どのように収入を増やしていくか、ということだった。寄付金だけでは実際的な解決法にはならないことは明らかだった。

さらに診療所が開設されたあたりからテロが頻発し、警察から日本人が標的になる可能性があると警告を受けた。理事会は役員や会員の安全性を考慮し、リマにあったペルー日系人協会が運営する日秘文化会館・神内センター内に事務所を設け、会議を行うことになった。

それまでは週に一度は会議があり、代理の父母でもあった会員たちは、施設の子どもたちと触れ合う機会があったが、それも難しくなってしまったことは本当に残念だった。

新しい運営方針

養護施設では、養育ができない親がエンマヌエルホームに子どもを預ける例が見受けられるようになった。そのような親は、子どもが教育を受けて健康が回復すると、労働させるために引き取りに来た。このような問題で子どもの数が増え、百名を超えるまでになった160。

子どもたちの数ばかりでなく、成長に伴って思春期を迎える年長の子どもたちも増えた。寮母と子ども十名を一単位として、家族的な雰囲気作りを心がけ、毎週心理カウンセラーが個人的に子どものカウンセリングを行った。しかし、シスターたちも年齢を重ねており、人数的にも監督するには限界があった。

22. 各種の技術訓練所

23. パン工房

対策として、男子と女子が一緒に行っていた活動や作業場所を分けることにした。また、初聖体を授ける年齢に達した子どもたちが、落ち着いて精神を修養するための場所「黙想の家」を計画した。

この新しい運営は一九九四（平成六）年頃から進められた。養護施設の屋上に約百名が収容できる二人部屋や、「黙想の家」、講堂、食堂などが増設された。

また、美容室、靴修理工房、パン製造工場、レストラン（兼カフエテリア）、保育所（三クラス）、薬局やコンピューター教室も建設され、子どもたちの職業訓練や、ホームの継続的な資金源を確保することになった[161]。

この新しい運営方針により、加藤神父が設立当初に描いた養護施設の構想は徐々に過去のものになっていった。ペルー人シ

24. カフェテリアにて（2004年）

スターたちは、かつて加藤神父が子どもたちのために作った家畜の飼育場を取り壊し、菜園の植物を抜いて芝生にしてしまった。シスターたちは、托鉢の旅から戻った加藤神父に「立派になったでしょう」と自慢の芝庭を披露したそうだが、加藤神父はとてもがっかりしていたそうである[162]。

しかし、神の御心が良い道へ導くと信じ、子どもたちへの愛は揺らぐことがなかった。加藤神父は托鉢の旅を粛々と行い、エンマヌエル協会も日本人や日系人のボランティアを派遣し、募金活動を通じて子どもたちへの支援を惜しまなかった。

小さな診療所の拡充

小さな診療所が充実してきた一九九八（平成十）年頃、仲松ファン氏は養護施設の近くに遊休地一万平米を探し出した。加藤神父が目指す壮大な計画の実現には、さらなる土地が必要だった。仲松氏は神父の意を汲み、拡張のための用地取得と、その土地に不法に住み着いていた人々を立ち退かせるための折衝を主導し、土地をようやく確保した。

まず、手狭になった診療所を近代的な医療センターに建て替えることになった。三六〇〇平米の敷地に一四〇〇平米の施設を建設するという一大プロジェクトである。一、二階に診療所を建て、

25. 早朝より混み合う診療所入口

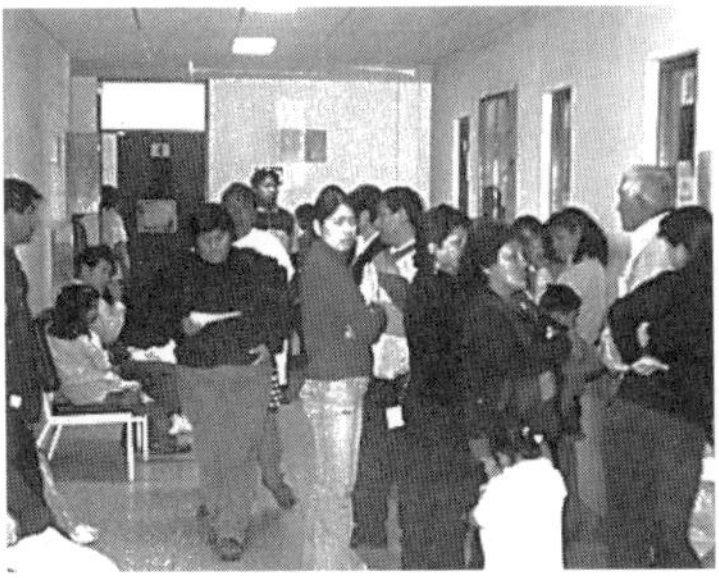

26. 診療所内で診察を待つ人たち

将来的には三、四階に技術専門学校と看護師養成学校を増築し、地域の若者に手に職を持たせ、安定した生活ができるように導こうと考えた[163]。

エンマヌエル協会は建設資金集めに奔走した。一応の目途がついた時点で建設に着手することになった。資金は、加藤神父が托鉢の旅で集めた日本からの支援金と、在ペルー日本国大使館の協力で、日本政府がペルー政府内に預けていた見返り資金の一部を充当した。不足分は、日系のパシフィコ貯蓄信用協同組合（Cooperativa Pacifico）から借り入れた。

総合診療所が開所

二〇〇三（平成十五）年七月、一階部分の建設に着手して一年間で完成すると、養護施設内にあった診療所を移転した。二〇〇六（平成十八）年、二階部分を増築した。

エンマヌエル協会は、加藤神父の献身的な奉仕に謝意を表するため、この診療所を「マヌエル加藤神父エンマヌエル総合診療所（Policlínico Emmanuel R.P. Manuel Kato）」と命名した。

この新しい診療所には、日系人医師を主体とした医療チームが拡充され、心臓循環器科、眼科、小児科、皮膚科、物理療法科、外傷外科、歯科、消化器系科、リハビリ科、産婦人科、外科、耳鼻咽喉科、内科、心理科、神経科、泌尿器科と、多岐にわたる診療科目を提供できるようになった。また、医療器材室として、実験室、密度計側室、レントゲン室、内視鏡室、マップ室、超音波室、筋肉測定室が整備された。

毎日三百五十人から四百人、多い時には五百人の患者が訪れている。在ペルー日本国大使館からの医療機器の無償提供があり、診察に大きく貢献している。

（二）エンマヌエル憩いの家

日系人社会の高齢化

加藤神父が養護施設と診療所の事業を手がけた頃、ペルーの経済的な低迷で多くの日系人が外国に出稼ぎに出て行った一時期[164]があった。ペルー国内に残された、日系人一世や二世の年寄りが寂しく暮らしているのを見て、何とか心の落ち着ける場所は提供できないものかと思案するようになった。

そこで、仲松氏が確保した一万平米のうち、総合診療所の敷地以外の七千二百平米に日系人向けの老人ホームを建設することになった。そのための募金活動の他に、加藤神父を悩ませたのは、その運営の委託先だった。エンマヌエルホームの運営権限をペルー側に移譲した際、運営の仕方で考え方が食い違ってしまった苦い経験があったからだ。

27. JOMAS寄贈のマイクロバス（1987年）

日系人だけを収容する老人ホームは日本人シスターたちに運営してもらいたかった。一九八二（昭和五十七）年よりペルーへ修道女を派遣していた「宮崎カリタス（現・イエスのカリタス修道女会）」は、貧しい地域の恵まれない子どもたちに教育を施していたので、加藤神父は老人ホームにも来てくれないかと要請した。

しかし、日本の本部が、子どもたちの教育の手助けに活動を集中させていたことや、老人の面倒を見た経験がなかったため、同会の合意を得られなかった。加藤神父は、日本にも行って幾つかの修道女会に打診してみたが、どこからも良い返事はもらえなかった。委託先が決まらないまま、二〇〇〇（平成十二）年九月、老人ホーム「エンマヌエル憩いの家（**Casa de Reposo para la Tercera Edad Emmanuel**）」の定礎式を行った。

この式には、一九八七（昭和六十二）年にエンマヌエル養護施設へ送迎用のマイクロバスを寄贈し、一九九二（平成四）年以降、資金を継続的に提供してきた海外邦人宣教者活動援助後援会（以下、ＪＯＭＡＳ）[165]の代表であり、日本財団の会長でもあった曽野綾子氏も、支援先の現地視察を兼ねて出席した。

曽野氏は視察の最後にリマ市内の日秘文化会館で講演を行い、宮崎カリタスのシスターたちを二

28. 老人ホーム新館の定礎式（2013 年）

十人ちかく招待していた。曽野氏はシスターたちの活動を称賛し、主催者から自分に贈られた大きな花束を「これはシスターたちに贈るべきものです」と言って、シスターたちの代表者に渡す一幕があった。

　これに感動したシスターたちは、子どもの教育支援だけでなく、日本の本部を説き伏せて、加藤神父の手がけている老人ホームの支援もしようと方針を変えた。その場に居合わせた加藤神父にとっては願ってもないことだった。

老人ホームが開所

　老人ホームは、日本財団とＪＯＭＡＳの全面的な支援で、二〇〇一（平成十三）年十一月に無事落成した。五十人を収容できる高齢者の居住棟、事務所兼シスターの居住棟、食堂と賄い室やランドリー室とリハビリ室からなる混合棟、礼拝室と警備員室が整備された。現地日系人や日系団体[166]からの支援のおかげで、備品なども整えることができた。

　二〇一三（平成二十五）年四月には、同じく日本財団とＪＯＭＡＳの援助で、五十五名の高齢者を収容できる居住棟の建設に着

29. 日本財団からのマイクロバス寄贈式（2015年）

工し、十月に完成させた。各部屋の備品は、これも日系人の寄付で賄った。

加藤神父は、日本に出稼ぎに行ってしまった家族に半ば見捨てられた一世や二世に、家庭的な環境で余生を送ってもらいたかったので、老人ホームの月額料金はできるだけ低く抑え、施設の維持管理が最低限できる程度にした。家族からの支援が唯一の頼りだが、それが途切れるケースも少なからずあり、その場合でも無料で面倒を見ることにした。

隣の総合診療所の経営で利益が出た場合、その一部を老人ホームに融通してもらう計画も話し合われたが、診療所には余裕がないのが現状である。実際のところ、毎年継続的に送られているＪＯＭＡＳからの百万円以上の寄付金と、日本財団から送られている老人ホームの設備の改善や拡充のための支援、さらに移動手段の車の供与などが資金繰りの要《かなめ》となっている。

またペルー国内でも、加藤神父と長年付き合いのある日系人有力者からさまざまな支援を受けている。このような篤志家の支援でやりくりしているのが現状であり、これらの支援が止まれば運営は危機に直面するだろう。

苦しい運営

この老人ホームは、居住者数が五十万人を超える半砂漠地域に建設され、周辺住民への雇用機会の提供に大きく貢献している。看護師や介護師といった仕事口に就職希望者が後を絶たない。

二〇一九（令和元）年現在、看護師が十三名、介護士が六名、掃除係が四名、炊事係が三名、守衛兼庭師が二名、そして維持管理人、洗濯係、運転手、秘書がそれぞれ一名ずつの計三十二名の従業員が業務にあたっている。

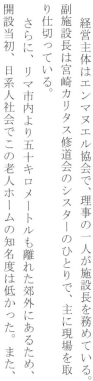

経営主体はエンマヌエル協会で、理事の一人が施設長を務めている。副施設長は宮崎カリタス修道会のシスターのひとりで、主に現場を取り仕切っている。

30. 老人ホームの中庭

さらに、リマ市内より五十キロメートルも離れた郊外にあるため、開設当初、日系人社会でこの老人ホームの知名度は低かった。また、入居者の親族が頻繁に訪問することが難しいため、入居者がなかなか集まらなかった。

そこで、ペルー日系人の六割以上を占める沖縄県出身者に会長を務めてもらうことにした。沖縄県人会の婦人部長を務めた二世の我那覇《がなは》郁子《いくこ》氏にボランティアで就任してもらうと、その宣伝効果で入居者が増え始めた。開所から二年目で入居者が十名を超えると、さらに人数は増え、現在では六十四～九十八歳までの三十二名が入所している。

常駐している宮崎カリタスの日本人シスター三名の献身的な世話で、入居者は満たされた生活を送っているが、運営費を賄うことは容易ではないため、収益を上げている日系団体に譲渡してはどうかという案も出ている。

しかし現在のところ、加藤神父の精神を尊重し、できるところまで、今のエンマヌエル協会のもとで運営に当たることにしている。入居者数を増やすため、ペルー人にも開放してはどうかという考えも、加藤神父の設立趣意に反することになってしまうため検討されていない。

31. 老人ホームでのミサ

設立当初は、リマ市内でも日系老人ホームはほとんどなく、入居者も選択の自由度がなかった。だが、最近は、いくつかの日系老人ホームもでき、金銭的余裕があれば入居料が高くてもすべてが便利なリマ市内の施設を利用する日系人が増えている。一方で、入居者の高齢化がどんどん進み、今では半ば特別養護老人ホームの様相である。

入居者の生活

入居者がどのような一日を過ごしているのかというと、まず午前七時頃に起床して洗顔などの身の回りの雑事を済ませ、午前八時に食堂で朝食をとったら、希望者は午前九時ごろに集まり、簡単な手習いやゲームを午前十一時ごろまで行う。その後、ラジオ体操などをして身体をほぐす。

正午に昼食をとり、部屋に戻り午睡をしたら、午後三時にはおやつが出るので、また食堂に集まる。平日は毎日、日系人を主体とした婦人のボランティアたちがリマから来てくれるので、歌やビンゴ等の娯楽を楽しむことができる。なかでも、ビンゴは生活用品の賞品がもらえるので、ビンゴの日を心待ちにしている。

午後五時に午後の日課が終わると、礼拝室に移動してシスターの主導で祈りが行われる。その後、食堂に移動して夕食となる。食事が終わると各自が部屋に戻って就寝し、一日が終わる。

32. 加藤神父の誕生日祝い

日本財団が入浴支援機器を寄贈してくれたおかげで、入居者は週二回、介護師の手助けで入浴することができる。現状では、半数以上が車椅子の生活をしていて、介護師による介護支援は欠かせない。

週一回絵画の先生がリマから来て教える絵画教室、毎月行われる誕生会とボランティアによる食事会が好評だ。誕生会では、入居者全員に特別な昼食が用意され、誕生月の入居者には祝いの品が贈られる。婦人ボランティアによる食事会では、リマから持参した食材を厨房で料理し、その食事を入居者全員に提供してくれている。

年間行事

年間行事には、主なカトリックの行事[167]と、日本の伝統行事[168]がある。新年会では施設の外で会食する他、年二、三回ほどの遠足[169]と年一回のゲートボール大会[170]が恒例となっている。

クリスマス前には「チョコラターダ」[171]を行い周辺に住む子どもたちへプレゼントを贈っている。どの行事でも、ボランティアの婦人が特別な食事を用意してくれるので、入居者はそれを楽しみにしている。

33. ゲートボール大会

34. 雛祭りにホームの子どもたちを招待

月一回は、家族または親戚の人が入居者を訪問するようにアドバイスしている。頻繁に訪問する家族や親戚もある一方、長期間訪問しない家族もある。中には、家族が日本に出稼ぎに行ってしまって、一度も訪問してもらえない場合もある。

老人ホームの敷地には、約二千平米のゲートボール場が備えられ、宿舎のまわりは四季折々の花々が咲き乱れる庭で囲まれ

35. 水遣りする加藤神父

36. ボランティア活動する筆者

ている。また、家禽《かきん》、羊、兎《うさぎ》、食用モルモット、亀や小鳥類を飼育しており、その総数は四百匹を超える。このうち、家禽の鶏とアヒル、羊、兎と食用モルモットは、老人ホーム内で催される行事の時の料理に供されている。

健康の管理

老人ホームは地続きで隣に総合診療所があり、そこで定期的な診察を受け健康を管理している。緊急時も対応が可能だが、急患を受け入れる部署がない。その場合は、老人ホームから車で十分くらいのところにある国の社会保険病院に連れて行くことになる。より大規模な病院への搬送が必要な場合は、家族を呼び寄せて対応を委ねることにしている。

これ以外に、国際協力機構（以下、ＪＩＣＡ）の海外青年協力隊
172 一名が常時派遣されて入居者の面倒を見ている。また、個人的なボランティアを受け入れており、一、二年間ホームで寝起きしてボランティア活動をしてくれている。

老人ホームには、老齢の加藤神父のための一部屋が用意されていた。リマの教会で生活に問題がある場合はその部屋に滞在した。神

37. ピラール前大統領夫人と

父の世話ができる人材がそろっていたうえ、日本人シスターが日本人的な細やかな心遣いで対応してくれた。厨房では、神父が好む日本食を熟知していたので、まるで我が家にいるような安堵感があった。

実際、二〇〇九（平成二十一）年十月、加藤神父は過労が原因で一時心臓が五分間停止する危篤状態になったことがあった。緊急処置で一命をとりとめたが、後の精密検査で大腸がんが発見され、翌十一月に摘出手術を受けた。そして翌年五月まで、老人ホームの一室で術後の療養生活を送った。

その療養中、社会慈善活動を応援してくれていたピラール夫人[173]（アラン・ガルシア前大統領[174]の夫人）の突然の見舞いを受けた。ピラール夫人は、五十キロメートルの距離を厭《いと》わず老人ホームまで駆けつけてくれた。

九章　夢のつづき

（一）エンマヌエルホームの終焉

善意の限界

加藤神父が「私にとってこの世で最後で最も大事な事業」として、全身全霊を捧げて挑戦したエンマヌエルホームの事業だったが、最終的には頓挫《とんざ》してしまった。建設構想から第一期工事の完成に至るまでは、日系人を中心とした善意の人たちや団体が支援協力してきたし、加藤神父には一点の曇りもなく、神のご加護あれと貧しい人々に愛の手を差しのべた。

ところが、この事業には落ち度があった。施設の土地は国有地であり、それを委託使用する側は法人組織である必要があったことだ。施工時点では、エンマヌエル支援会の法的登記がなされていなかったため、運営管理を委託した「プラハの幼きイエズス修道女会」の名前でやむを得ず登記がなされた。登記はあくまで土地だけで、建物の所有権はエンマヌエル協会にあった。

加藤神父やエンマヌエル協会は、プラハの幼きイエズス修道女会もカトリックの修道会ということで、すべてが良識に沿って運ぶものと考えていた。一九八九（平成元）年に日本人移住九十周年記念行事のひとつとして養護施設をペルー側に贈呈する式も挙行し、ペルー側の受け入れ組織としてプラハの幼きイエズス修道女会を指定したのである。

この贈呈式は象徴的なもので法的拘束力はまったくなかった。覚え書きも一切取り交わされなかった。依然として建物の所有権はエンマヌエル協会にあった。しかし、贈呈式を行ったことで「エンマヌエルホームの所有権は自分たちにある」とプラハの幼きイエズス修道女会は考え、そのような態度をとるようになった。

その典型的な例が、菜園が芝生に変わってしまっていた事件である。この時、加藤神父は菜園に戻しなさいと命令できる立場ではなくなってしまっていた。シスターたちの立場が強くなり、エンマヌエル協会はそれに甘んじなければならなくなった。

運営の失敗

そんな中でも、加藤神父は恵まれない子どもたちへの愛から、日本に托鉢の旅に行っては支援者に寄付を募り、養護施設に資金をつぎ込んでいった。だが、組織というものは人があって機能するもので、その人たちの良し悪しによって左右される。

養護施設で生活していた子どもたちやＪＩＣＡのボランティアたちは、シスターたちにも愛情深い人とそうでない人がいるということを肌で感じていた。そして、養護施設は徐々に加藤神父が思い描いたようには機能しなくなっていった。

子どもたちの将来を思って設けたさまざまな技能習得施設は、責任者であるシスターに管理する能力がなく無用の長物となってしまった。技能習得施設はひとつ、またひとつと消え、最後には「黙想の家」と「保育所」を残してどん殻になってしまった。

エンマヌエル協会の幹部は、プラハの幼きイエズス修道女会と交渉を重ね、運営を協会に戻すよう懇願したが、合意には至らなかった。最後に交渉した修道会長は、加藤神父が苦労して築き上げた養護施設の経緯を理解しようとはしなかった。挙げ句の果てに、運営がうまくいかないため、カヤオ司教区にエンマヌエルホームを渡すと言い出した。

加藤神父は、その発言を聞いてから何週間か時間をおき、またその修道会長に会って翻意《ほんい》を必死に促したが、前言は翻《ひるがえ》らなかった。加藤神父はじっと熟考し、最後には神の思し召しに従う覚悟でカヤオ司教区への譲渡に同意した。

加藤神父は、カトリックという組織に身を置く者として、上位階級者の意見に従うことにしたのだった。苦労のうえに苦労を重ね、愛情をかけて育ててきたエンマヌエルホームを返して欲しいとは懇願しなかった。だが、カヤオ司教区へ引き渡すことに同意した瞬間に神父が感じた悲しみの深さは計り知れない。

夢の跡

二〇一三（平成二十五）年五月、プラハの幼きイエズス修道女会はエンマヌエルホームをカヤオ司教区に譲り渡して手を引いた。その後も、エンマヌエル協会は粘り強くエンマヌエルホームの運営を移譲して欲しいとカヤオ司教区に懇願したが、聞き入れられなかった。

二〇一四（平成二十六）年八月、エンマヌエル協会はカヤオ司教区にエンマヌエルホームの所有権を引き渡す覚え書きに署名せざるを得なかった。当初、覚え書きには一年間はエンマヌエル協会が支援すると記載されていたが、カヤオ司教区の要請で、この支援を二年間に延長した。

この覚え書きをもって、エンマヌエルホームは完全にエンマヌエル協会の手から離れてしまった。ただし、国から土地を譲渡された時、その契約書の中に土地の使用目的を「児童養護施設等の使用に限る（CESION EN USO PARA HOGAR DE NINO）」という条項があり、カヤオ司教区もこの使用目的を逸脱したことはできないことがせめてもの救いである。

これはすでに八十八歳となっていた加藤神父にとり悲しい結末だった。つぎ込まれた日本の善男善女や団体の多くの支援金もむなしく、今は門も閉ざされ、外より中の様子をうかがうすべもない。ただ立ちすくみ、「夏草や兵《つわもの》どもが夢の跡」の心境で、子どもたちが騒いでいた往時を偲ぶのみである。

（二）エンマヌエルの子ら

養護施設の出身で、社会に出て働く若者たちはどうしているのであろうか。二人のホーム出身者の思い出話を聞くことにした。

サンチャゴ・ロマン・フローレス氏

サンチャゴ・ロマン・フローレス氏は、いつも自分に寄り添ってくれた加藤神父を片時も忘れたことはない。

一九八一（昭和五十六）年十月十七日にリマで生まれ、六歳の時に双子の妹と一緒に家の近くの養護施設に入れられたが、数か月後に二人はエンマヌエルホームに連れてこられた。母親には苦しい決断だっただろう。父母の別居により、家庭は崩壊。叔母は辛い病気にかかり、二十七歳でがんを発症して死亡してしまった。

ペルーはテロとインフレで、社会的にも経済的にも危機に見舞われていたが、幼年時代に、エンマヌエルホームで暮らしたことで、家庭と変わらぬ生活を送ることができた。

38. ホームのシスターと子どもたちと

加藤神父から、生きていくために大切なこと、つまりお互い助け合うこと、嘘を言わず正直であること、働くことの尊さ等、いろいろなことを学んだ。今日の自分があるのは、加藤神父のお陰であると感謝している。

野菜の種を蒔く前に苗床をどのように準備すべきかを、収穫の時期はいつで、どのように収穫すればよいかを手取り足取りして教えてくれた。果物類の栽培の仕方も学んだ。

いつも環境のことに注意を払い、庭では芝生や木々の水やりを忘れずに行っていた。また、園内や外の通りの木々の剪定もよくされていた。ホーム建設当時は、砂地だった内外が緑に変わったのは、そのたゆまぬ努力のおかげだった。

加藤神父はホームに到着すると、真っ先に飼っていた犬たちを労っていた。ポチという犬がいて、きれいな修道服を汚してしまっても一向に気にかけず一緒に遊んでいた。ポチが脚力の衰えで歩けなくなった時には犬用の車椅子を作ってやった。

加藤神父が来ると、誰もが働いていなければならなかった。ぼさっと座っていることは許されなかった。

説教では「日本に行った時、各戸口をまわって乞食のようにどうか助けてくださいと頭を下げて物乞いをして、集めたお金をホームに持ち帰っている。それらのお金を何の有り難さも感じずに浪費してよいのか」とよく諭された。悪いことをすると、特に言われたものだ。

日本人の代理父母とは何度も手紙や絵を送り、二度ほど返事も受け取った。名前が日本語だったので難しくて覚えられなかったが、「日本においで」と誘われたことがあった。まだ子どもだったので、慣れ親しんでいるホームを離れるのが怖くなり断ってしまった。

日秘劇場（Teatro Peruano Japonés）[175]に連れて行ってもらったこともあった。そこで「赤とんぼ」、「どんぐりころころ」、「咲いた咲いたチューリップの花が」や「幸せなら手を叩こう」などの美しい日本のメロディーを歌ったことが懐かしい。折り紙も教えてもらった。

代理の父は仲松フアン氏で、「お前らよ、もっと声を大きくあげて歌え、そうでないと世界中に歌声が届かないぞ」と叱るような愉快な人であった。今は他界され、さみしくなった。

加藤神父はカナダ、スペイン、日本やその他の国から援助してくれていた多くの人のことを話してくれ、多くの支援者を招いてくれた。支援者の方々がお祈り、歌、ダンスや食事を提供してくれた。クリスマスには、必ずチョコレート、ケーキやその他の贈り物をいただいた。

加藤神父は、「もらうだけでなく、与えることも学ばなければならない」と教えてくれた。「簡単に手に入るものは、その価値を知ることができない」とも言っていた。何でもお金がかかるので、ものを得るためにはよく働かなければならないことも教えてくれた。そのことを「汗をかいてこそ、初めてベンチに座ることができる」と神父は言っていた。

ミサの時の神父の態度は厳しくなり怖かったが、非常に良い人で、分け隔てなく愛情を注いでくれた。神父はいつも皆に何かを与えてくれていたが、皆からもらうものは何もなかった。

一九九五（平成七）年、エンマヌエルホームの礼拝所で、妹と共に加藤神父から洗礼を受けた。神父は今でも生きる道を照らし続けてくれている。この恩は終生忘れることができない。

マリリ・ミカエル・ユパンキ・シルバ氏

マリリ・ミカエル・ユパンキ・シルバ氏は、一九九七（平成九）年にホームに入り、十九歳でホームを出た。その後、家政婦をしながら看護師の資格を取得し、病院に勤務することになっている。

「神様は私たちひとりひとりに人生の設計図というものを与え、生きる場所を決めてくださっているのだと、最近つくづく納得させられています」と語る。

アバンカイ州のアプリマックで一九九四（平成六）年八月二十六日に生まれ、五人の兄弟がいた。経済的な問題で散り散りになり四人は行方が知れず、彼女ひとりが残った。三歳の時にエンマヌエルホームに連れてこられて、約十五年間ホームで生活した。加藤神父が共にいて、良い人々に巡り会い、愛情を受け心が安らぐ日々だった。

リマから加藤神父がホームに来ると、門で呼び鈴が押された。すると全員で迎えに出た。神父は微笑んで、ひとりひとりの手を強く握って挨拶し、「問題なく過ごしているか」、「何か足らない物はないか」と聞いてくれた。子どもたちを家族のように思って、困ることのないように気を配ってくれた。それがとても嬉しく幸せだった。子どもたちも、実の父親と思うほどだった。

加藤神父は助言や教育の話をしてくれた。また、他人を尊敬して、感謝の気持ちを忘れないように、質素で謙虚な心を大切にすることなど、生きていくうえで大切な多くのことを教えてくれた。責任感のある人になるように、挨拶することを忘れないように、時間を厳守するように、ということも口癖だった。

土曜日にはボランティアのおばさんたちが訪ねてきて、アクセサリーの作り方、絵画、裁縫や刺繍などを教えてくれ、また日本の踊りも教えてくれた。誕生日祝いもしてくれ、母親のように接してくれた。

ボランティアのおばさんたちは、水の公園、動物園、果物を食べるためワラルや、海の家にも遠足で連れて行ってくれた。家族と一緒に過ごしているように感じられ、楽しいひと時だった。

生活指導師は親身になって問題を解決できるように心を尽くしてくれた。母親のように一緒に寝てくれるほどだった。よい躾を受けて成長できた。賄いのおばさん、庭師、運転手、門番や洗濯のおばさんたちにも感謝している。

クリスマスには、衣類やおもちゃなどたくさんの贈り物をもらった。エンマヌエル協会の人たちが温かいクリスマスを迎えられよう支援してくれたことは決して忘れない。

ロドルホ先生という方がいて、「君たちはひとつの泡の中に住んでいるようなもので、ホームの外の街のことが何もわかっていない。外は全く違った世界で、もし何か欲しければ、それを手に入れるためには働かなければならない。君たちはホームにいることにより何でも与えられることを有り難く思わなければならない。ホームで生活できることに感謝しなければ、罰が当たる」と諭されたものだ。

その諭しは、すべて正しかった。自分たちは泡の中で生活していた。すべてのものが手に入り、二十四時間いろいろな人たちが付き添ってくれた。困ればすぐに駆けつけてくれた。身体の不調を訴えれば、すぐに医師のところに連れていってくれた。健康診断で病気の事前予防や、精神的な不安にも対応してくれた。

ホームを出た今、お世話になった人たちのお陰で今日の自分があることをしみじみ感じさせられている。加藤神父を始め、アンヘリカ・レチャルテ修道会のシスターたち、ボランティアのおばさんたち、生活指導師の人たち、それにエンマヌエル協会の人たちに感謝してもしきれない。

神様がこの素晴らしいホームに連れて来てくれた。親がいない子たちが本当の兄弟姉妹のように生活し、家庭の楽しみがあった。代理父母の人たちも、正しい生き方や人生の大切さを、愛情を持って教えてくれた。これらすべてのことが心の中に刻まれている。

ホームで共に暮らした女友達と会う時は、ホームでの日々を楽しく語り合い、懐かしい過ぎ去った日々に思いを寄せている。今はしっかり地に足をつけて生きることができる。

ホームで育ったことが大きな誇りだ。

こうして養護施設で育った若者たちの話を聞くと、加藤神父が、母親から教えられた愛、父親から教えられた精励、そしてリマ日校や日本での修練の日々から学んだ勤勉の大切さを、母国ペルーの寄る辺ない子どもたちへ伝え、貧困からの脱却だけでなく、社会に貢献できる人材として成長して欲しいと願っていたことがわかる。

施設を出たエンマヌエルの子らは、その教えを胸に日々たくましく生きている。

(三) パチャクテへの支援

さらに貧しい人々

加藤神父はエンマヌエルホーム養護施設を始めた時、大きな社会事業の夢に胸を膨らませていた。やむなく養護施設をカヤオ司教区に譲渡せざるを得なくなった後も、神の御心が良い道に導いてくれると信じて疑わなかった。しかし職業教育施設は運営がうまくいかなくなり閉鎖に追い込まれてしまった。このことは痛恨の極みであった。

だが加藤神父は夢を失うことはなかった。養護施設の周辺には貧困にあえぐ数多くの恵まれない家庭があった。自分が幼い頃、生活は貧しかったが、さらに貧しい人々に施しをした母親の姿が脳裏に焼き付いていた。

二〇〇三（平成十五）年、老人ホームから一キロ位離れたミ・ペルー地区で大火があり、二百軒ほどの家が焼失した。当時は、その地区に人が住み着いたばかりで、木材、エステーラ（竹を割った外皮で編んだ筵《むしろ》）やダンボールで作った粗末な掘っ立て小屋がほとんどだった。加藤神父は、老人ホームから衣類などの必需品を率先して持ち出し、無一文で寒風の砂地に放り出された被災者に温かい手を差しのべた。

二〇〇九（平成二十一）年には、養護施設の近くにあった一軒の民家で火災が発生し、両親が不在中で四人の子どものうち二人が焼死した。このことを聞きつけた加藤神父は急いで現場に駆けつけ、生き残った二人の幼児を診療所で介抱し、養護施設に連れてきて面倒を見た。

パチャクテ地区

また、養護施設の近くにパチャクテ[176]という貧困地区があり、加藤神父はそこで食事の提供支援のため、所持金をはたいて食材を購入した。

パチャクテ地区は、一九八八（昭和六十三）年にアラン・ガルシア大統領が地区の宅地開発計画を発表したが、その後十年間ほど計画は停滞していた。それを二〇〇〇（平成十二）年、リマの南のビジャ・エル・サルバドール（Villa el Salvador）地区が人口過多になったため、当時のフジモリ大統領[177]の政策で、そこの住民の一部をパチャクテに移住させたのが始まりである。テロと農地政策の失敗で、クスコやアヤクチョといった山岳地帯からリマに逃げのびた人々は、今度は政府の軍隊のトラックに乗せられ、砂漠地帯のパチャクテに移送された。

当時は、水も電気も何もなかった。毎日タンクに積んだ水を売りに来るので、早朝五時に並んで買い求め、各自の家でドラム缶に溜めていた。家といっても、移住者が手造りした小屋である。住民は筵を引いたり、スーパーの袋や穀物の袋などに包まって寝たりといった劣悪な環境にあった。

当時パチャクテを管轄していたカヤオ教区のミゲル・イリサル・カンンポス司教[178]は、加藤神父をパチャクテに連れて行き、余りに酷い生活現場を見せて支援の相談を持ちかけた。

この劣悪な生活は、養護施設の子どもたちが世話役のシスターたちにも話をしていたので、加藤神父はパチャクテの子どもたちへ食事の支援をしたいと考えた。

アブラン神父

39. アブラン神父と

二〇〇二（平成十四）年、パチャクテにアブラン神父[179]という、宣教と慈善活動に燃える宣教師がアマゾン地域から転任してきた。アブラン神父は、パチャクテにファティマの聖母教会（Parroquia Virgen de Fátima）を設立し、四年間をかけて手造りの小屋を五か所建て簡易な礼拝堂とした。

イリサル司教は、会派が違う加藤神父とアブラン神父の交流をとりなした。若い頃の自分のように夢と熱意に溢れたアブラン神父と加藤神父は意気投合した。加藤神父は必要なものはないかと常に気を配り、一二〇人の子どもたちへ昼食の提供や、クリスマス時期はチョコラターダの贈り物を配るようになった。

加藤神父は食事の提供場所として、最初は屋根だけの小屋を作り、後でコンクリート敷きに改築した。アブラン神父を十五日ごとに養護施設

40. 教会のホールでの演奏会

まで呼び、玉ねぎから食用油まですべての食料品を支援し、運搬させた。アブラン神父は運搬代を払って三輪タクシーを雇っていたが、加藤神父はそれを知ると、「白いトヨタのワゴン車を自由に使ってよい」とアブラン神父に鍵を渡した。

やがて、子どもに付き添う親たちにも食事を配ることが増え、人数は一五〇人ほどに増えた。加藤神父は協定書を作り、日系人がミ・ペルーで経営する養鶏場から大量の卵をもらえるようにした。しかし、それでも毎日の食事提供の労力と資金のやり繰りは容易ではなかった。

二〇〇四（平成十六）年、ちょうどペルーを訪れていたジャーナリストの畠山えり子氏[180]に、加藤神父は炊き出しの取材を提案した。そして、畠山氏をパチャクテに連れて行き、アブラン神父を紹介した。アブラン神父は、「炊き出しはお金がある時だけしかできない」と取材に応えた。畠山氏はその貧困の実状に衝撃を受け、もっと数多く食事を提供できないかと考えた。

そこで畠山氏は、エンマヌエルホームでのコンサートのため日本から来ていた友人でバイオリニストの牧千恵子氏[181]と、アコーディオン奏者の渡辺美和子氏にパチャクテの話をした。子どもたちの様子を聞いた二人は、即座にパチャクテでもコンサートをすることにした。

41．砂漠の一滴会による昼食配布

若者に夢を託して

牧氏は、食べ物がない極貧地区に生き抜く子どもたちの眼差しに心を揺さぶられ、帰国後「ベンタニージャの水」という曲を作曲した。翌年、そのCDの売り上げで加藤神父の事業を支援するため「砂漠の一滴」という会を立ち上げた。

同会は、日本とペルーでチャリティーコンサートを開催してその収益金を活動資金とし、支援金を集めてパチャクテでの食事支援を続けた。当初は五十人ほどに昼食やおやつを与えていたが、三年後には昼食を百五十人、おやつを二百五十人に配布するまでになった。

加藤神父は、托鉢の旅をしながら、日本でパチャクテへの支援を呼びかけた。また、エンマヌエル協会にアブラン神父を支援するようにアドバイスした。

二〇〇六（平成十八）年頃、アブラン神父はイリサル司教にアマゾンのユリマグアス地区[182]に戻り、宣教活動をしたいと申し出て受理され、異動になった。加藤神父はこの時も、エンマヌエル協会にアブラン神父を継続して支援するよう言い渡した。

アブラン神父が去った後、グスタボ・バルセナス神父[183]が後任となった。加藤神父は来たばかりのバルセナス神父にも、活動がうまく引き継げるように助けた。

42. 加藤神父が建設を支援した教会と食堂

加藤神父は、食料品に加えて教会の備品等もファティマ聖母教区の教会へ持っていった。教会を増築すると言えば、資材や労働者を連れて行った。簡易な木造だった教会をセメント構造にする時も支援した。リマの資材保管場所からセメント、レンガ、鉄筋などを運んだ。加藤神父は教会だけでなく礼拝堂の建設も援助し、教会の横の食堂も加藤神父が建設した。

また、パチャクテは海岸近くなので、日中は暑いが夜は海風が吹き寒くなるせいで子どもたちが病気になりがちだった。加藤神父は医療支援として、信者が診療所で無料診察が受けられるように手配した。

加藤神父は、各家庭の構成員調書を作り、何か健康問題があるとエンマヌエル総合診療所と連絡をとり対処した。子どもたちがお腹をこわし下痢症状で苦しんだことがあったが、加藤神父はバスを用意して子どもたちを診療所まで運んだ。極端な貧しい家庭には、金銭的援助もした。例えば、水や電気の引き込みのための費用を支援することがあった。

教区にいた四十人ほどの子どもたちに教育を受けさせるため、加藤神父は学校の整備も支援し、コレヒオ・フェ・イ・アレグリア校（Colegio Fe y Alegria）[184]が開設されることになった。ここで加藤神父はミサも行った。

二〇一四（平成二十六）年にバルセナス神父が異動になり、別な神父が赴任した。その神父は、住民の自立が進み食料援助をする必要もなくなったと判断し、布教の方に力を入れ始めた。加藤神

43. 人々に寄り添うアブラン神父

父も高齢になり闊達《かったつ》に動くことができず、後任の神父と交流することはあまりなくなった。

後任の神父が食堂を閉めると言ってきたので、加藤神父は子どもたちが通うコレヒオ・フェ・イ・アレグリア校に食事提供の場所を移動することにした。学校の運営を任されていたチリ人のシスター・マリア・イネス（Madre María Inês）は、快く受け入れてくれた。

「砂漠の一滴」会は、アマゾンに転任したアブラン神父から、赴任地にも栄養失調の子どもが多くいるため支援して欲しいという連絡を受け、アマゾン地帯へも援助のため支援金を送り続けている。支援金は、食料だけでなく、授業料や文房具の購入の費用としても活用されている。エンマヌエル協会も、毎年クリスマス時期にはチョコラターダの贈り物を届けている。アブラン神父によれば、今も欠かさず加藤神父への祈りを捧げ、「聖マヌエル加藤」と心の中で呼んでいるそうである。

加藤神父の描いた社会事業の夢は、神父亡き後も、アブラン神父や「砂漠の一滴」会の支援者をはじめとした次世代の人々に受け継がれていると言えるだろう。

十章　愛の琴線

（一）別の顔

ストレス解消法

聖職者である加藤神父には、意外な別の一面もあった。

日本とペルーを行き来しながら活動する画家・野口忠行氏は、三十七年にわたり加藤神父と交流をする中で、その一面を垣間見たそうである。

加藤神父が野口氏を空港に車で迎えに来てくれた時のことだった。道中、高齢だから運転をやめた方がいいと勧められているという話になった。すると加藤神父は、「私は運転が大好きで、運転している時は人格が変わります。これは私のストレス解消法でもあります」と苦笑した。

猛スピードで運転する加藤神父の車で冷や汗をかいた人は少なくない。上智大学時代からの友人・渡邉浩平氏がペルーを訪れた際、加藤神父が運転する車に乗ったが、五十年前に一緒に軽井沢に向かった時の爆走運転を思い出したそうである。

また、加藤神父は赤信号を無視することがあった。運悪く警察官がいて停止を命じられた時の逸話がある。何故信号を無視したのか詰問されると、加藤神父は思案の末、「赤信号は知っていたが、まさか警察官がいるところまでは見抜けなかった」と答えたそうだ。

カトリックが国教のペルーでは、だれもがカトリックの神父に敬意を払うため、加藤神父も大目に見てもらったが、このようなストレス解消法で大きな交通事故を起こさなかったことは何よりだった。

だが、速度違反取り締まりの速度測定器に自動検知されてしまうと、そうはいかない。いくらカトリックの神父でも違反罰金を免除されなかった。一定の期間をまとめた高額の請求があり、エンマヌエル協会も悲鳴をあげていたようである。

その他にも、加藤神父の車に同乗したことがある人たちによれば、運転中に他の車の女性運転手を罵ったり、減速のためのスピードバンプを通過する時は「どうしてこんなものを作ったんだ」と怒ったりもしていたそうである。

車のハンドルを握ると、およそ平素の神父らしくない、人間味溢れる加藤神父に遭遇することがあった。

姪の闘病

加藤神父は、ペルーの加藤家の面倒を一手に見ていた。

加藤神父の妹ヨシ子（結婚後の苗字は迫田《さこだ》）の長女フアナ（**Juana**、日本名ひろみ）が、二〇〇七(平成十九)年二月頃より糖尿病を患ったが、妹夫婦はすでに他界していたうえ、次女フロル(**Flor**、日本名はるみ）は日本に出稼ぎに行っていた。

フロルは仕送りをしてフアナの生計を助けていたが、日本からペルーに戻ると、自分も病気がちになってしまった。そのため、フアナは伯父・加藤神父に頼らざるを得なくなった。

加藤神父も教会に身を置く立場上、私的に使用できるお金は限られていた。なんとかしてやりたいと思った加藤神父は、苦渋の思いで長崎修道院の冷水義美《ひやみずよしみ》神父[185]に協力を依頼した。冷水神父は状況を理解し協力を惜しまなかった。

冷水神父は信者の中で、加藤神父にミサをしてもらうことを希望する人を募り、それをリストアップして、加藤神父に電子メールで連絡した。そのリストに従って、加藤神父はリマでミサを行い、その謝礼を受け取った。加藤神父はかなりの人数にミサを行ったようで、冷水神父に心底から感謝した。

フアナは老人ホームの一室で療養生活を送っていたが、リマ市内の病院に移り、腎臓透析を受けるようになると、今度は左足が化膿したため切断を迫られた。懇意な医師の臨機応変な処置で切断は免れたものの、難聴と腰の痛みを抱えながら、二〇一五（平成二十七）年七月、ついに帰らぬ人となった。

加藤神父は、ミサの謝礼として日本から受け取ったお金を姪の医療費に使うことについては、カナダ管区の院長の了解を得ていた。そこまでして資金の使途で公私の区別を厳格にし、潔癖《けっぺき》であろうとした。托鉢の旅で得られた支援金も私的に使うことは決してなかった。

三つの家族

渡邉浩平氏は、上智大学に在学中に加藤神父に出会い、その後五十年間交友関係を続けた。渡邉氏は、加藤神父を家族の一員と思い、深く付き合った。加藤神父も日本に行く度に、必ず渡邉家を

44. 渡邉浩平氏の家族と

訪れた。

孤高の修道者であった加藤神父にとり、それは里帰りしたと思うほどの安堵感だった。

特に加藤神父は子どもが好きで、渡邉氏の子どもたちを自分の子どものように可愛がった。渡邉氏の子どもたちは、「プーシャン（おじーちゃん）が来た、来た」と言って、加藤神父に纏《まと》わりついたが、子どもたちが結婚したら、その孫までが「プーシャン、プーシャン」と言って、神父から離れなかったそうである。

渡邉氏の家族は全員がカトリックの洗礼を受けているが、子どもや孫たちも全員が加藤神父の司式で受洗している。

渡邉氏は、加藤神父のよき相談相手だった。アドバイスを受け入れてもらえないこともあったが、それは「考えるより先に行動する」という加藤神父の性格のためだと述懐する。

渡邉氏はカトリック所沢教会の信徒として教会の運営にも深く関わり、その発展に大きく貢献している。渡邉氏の存在があってか、所沢教会は加藤神父の要請に応え、慈善事業を支援した。

私見だが、加藤神父は三つの家族を持っていたのではないかという思いがする。ひとつは血縁の家族、もうひとつは養護施設の子どもたち、最後のひとつは日本の渡邉浩平氏の家族である。

名誉に執着せず

前述の渡邉浩平氏によれば、加藤神父は日本で表彰されても、賞状や盾などの記念品はすべて渡邉家に置いていき、賞金だけポケット入れてペルーへ帰ったそうである。「役に立つのはお金だけ、後は重たいだけ」という素振りであった。

総合診療所では、入り口の大きなホールに加藤神父の偉業を讃える胸像を設置した。二〇〇九（平成二十一）年に渡邉氏がペルーを訪問した時、加藤神父は胸像を見やりながら「自分に似ていないですよ。こんなつまらない胸像を作るお金があったら、養護施設の子どもにまわせばよいものを」と不満だったそうである。養護施設の子どもたちにも同じような愚痴をこぼしていた。

加藤神父は、名誉に執着しなかった。

しかし、二〇〇九（平成二十一）年十二月三日、日本政府から「旭日双光章《きょくじつそうこう》」（金）を叙勲《じょくん》された時は、勲記と勲章を大事にそうにしていた。その写真を見た渡邉氏は、平素は見せない特別な神父像を垣間見た思いがしたという。

実はこの伝達式の前、加藤神父は十月四日に心臓発作を起こして倒れていた。心臓が五分間も停止し、深刻な事態になった。幸いにも、その心臓の疾患は大事には至らなかった。

ところが、退院間際になって今度は大腸が痛みだした。内視鏡検査をしたところ、大腸がんが見つかったので、突如十一月十五日に摘出施術となった。

45 / 46. 叙勲された加藤神父

手術は成功し、その後は老人ホームで静養していた。その療養中に叙勲伝達式の通知があり、出席を決めた経緯があった。

伝達式は、在ペルー日本国大使公邸にて行われた。体調が万全ではなかったにもかかわらず、加藤神父は八頁にわたる長い感謝のスピーチを行った。

「今回の叙勲はここに出席している協会（エンマヌエル）の関係者の名において授けられたものであります。個人的に思うには、私はただひとつの道具にすぎず、私のような貧しい人間を通じて、神が摂理的に行ったものであります。このような理由により、皆さますべて（支援者すべて）の名において、この上ない喜びをもってこの叙勲を拝受します」と述べた。

そして、幼少の頃の苦労に満ちた生活は、救済を必要とした人々を助けるために試されているように思えたこと。幼少時代から聖職という天命を授かるまでを語った。

勲記と勲章は、老人ホームに大切に保管されている。

清貧を貫く

アッシジのフランシスコが清貧を貫いたように、加藤神父もその志をモットーとした。

擦れて古びた修道服と履きつぶれた靴を使い続け、洗濯係には古くなった下着に継ぎあてを頼んだ。見かねた人が新しいものを贈っても、同僚の神父にあげてしまった。シャワーを浴びる時にズボンも服も靴下も肌着も何でも洗い、水を無駄にしなかった。

教会で加藤神父の世話をしていた洗濯係の女性は、「加藤神父は他の神父と違って、うまく表現できないが、温かさがある」と話してくれた。洗濯物の頼み方も優しかったし、十キロメートル以上も離れた自宅まで、加藤神父自ら車を運転して連れ帰ってくれたことがあったそうである。他の神父から感じたことのない気配りがあった。

そのような加藤神父の愛の琴線《きんせん》に触れたペルー人はみな、その傍から離れがたく、加藤神父が手がけた事業に奉仕し続けている。慈善事業の施設で働いているペルー人の従業員の中でも、神父と接触のあった人は、定年を迎えた後も、施設から辞めなさいと言われない限り仕事を続けている。

47. 晩年の加藤神父

加藤神父は、どこであれ、老若男女《ろうにゃくなんにょ》を問わず、愛を必要とする人のところへは、すべてを犠牲にしてでも駆けつけた。それがごく当たり前の所作だった。

体が思うように動かなくなった晩年も、貧しい人への愛に徹した。

（三）永遠の別れ

最期の言葉

筆者が加藤神父にインタビューを行ったのは二〇一五（平成二十七）年から二〇一六（平成二十八）年である。二〇一六年八月二十一日、筆者の運転で加藤神父を老人ホームから宿舎の教会まで送った時もいたって元気で「文平さん、また口述筆記を始めましょう」と言われたほどだった。

しかしその四日後、八月二十五日、老人ホーム施設長のシスター川上より、加藤神父が集中治療室（日本人ペルー移住百周年記念病院）[186]に移ったと伝えられた。軽い脳振とうで入院したとのことだったが、意識は八月三十一日まで戻らなかった。それから二週間後に教会に戻ったが、これまで何度も手術を受けていたためか身体は弱る一方だった。

加藤神父の介護にあたったエンマヌエル協会理事の田畑《たばた》フロレンティーノ氏によれば、教会では新たに寝室を作り、十二時間交代の二十四時間態勢で女性の世話人をつけたそうである。教会でも病院でも、加藤神父を熟知した看護師を配置して、なるべく人を入れ替えないように気を配った。

最初は固形食であったが、やがて受け付けなくなり、ミキサーで流動食にして胃ろう管で流し込んだ。管が汚れると病院で洗浄してもらった。具合が悪くなれば即入院させたので、教会と病院の往復が続いた。

もうこの頃は言葉も喋れず、ジェスチャーで訴えるだけになっていた。教会では歩くことができなかったので車椅子で中を散歩した。外に出たいジェスチャーをしてもごまかして外には出さなかった。

よっぽど出たい気持ちが強かったようで暴れまわることがあり、車椅子の両肘に手を結び付けるしかなかった。加藤神父は、それが嫌で何とか紐《ひも》を解いて欲しいと訴えた。田畑氏はそのジェスチャーを読み取り、そこで暴れてはいけないと諭しながら紐を解いた。

田畑氏が聞いた神父様の最期の言葉は「パネトン」であったが、それが辛うじて聞き取れた言葉であった。田畑氏はチョコラターダでパネトンを子どもたちに配って欲しいのだろうかと思った。その後も何か言いたかったようだが、言葉を発することはできなかった。

筆者も一度だけひとりで加藤神父を病院で見舞ったが、看護師から筆者が来たことを告げてもらっても、声は出なかった。目で何か言おうとしていたが、筆者には理解できないままだった。

通夜と葬儀

二〇一七（平成二十九）年一月六日午後四時ごろ、加藤神父は病室で看護師が見守る中永眠された。翌日、サン・アントニオ・デ・パドゥア教会内のコミテ・サン・フランシスコのサロンで通夜が行われ、筆者も参列した。入れ代わり立ち代わり、多くの人が加藤神父の棺に最後のお別れをして、悲しみに沈んでいた。参列者には養護施設の子どもたちの姿もあった。日系の各組織と教会の

48. 加藤神父の葬儀（出棺）

関係者が数多く参列していた。

　翌一月八日午後四時ごろから教会で葬儀が行われた。サルバドール・ピニェロ司教[187]が式を主導し、フランシスコ会の神父たちの多くが棺《ひつぎ》を前に参列し、厳かに挙行された。コミテ・サン・フランシスコや慈善事業に関係あるシスターたちも多数出席していた。聖職者以外にも日系人や一般のペルー人が四百人ほど見受けられた。

　六人のフランシスコ会の神父たちが加藤神父の棺を抱えて霊柩《れいきゅう》車まで運び、七キロメートルほど離れた旧市街のリマック地区にあるフランシスコ会修道院（Convento de Los Descalzos）の墓地に向かった。そこで最後の別れのお祈りをして納棺した。

　神父の棺もそうであったが、埋葬された墓地は質素なものだった。創始者聖フランシスコの精神が今も修道者の中に生きているのを目の当たりにした。

　日本にも神父の訃報が伝わり、何とか最後の別れに立ち会いたいという支援者が何人もいたが、万難を排して、横浜の神学校の教え子である山本遼神父だけが飛んできてくれた。

49. 加藤神父の葬儀（納棺）

ペガサスの片翼

葬儀の後に墓地の建物の鍵をかけるため最後まで残っていたマウロ神父[18]によれば、儀式が終わり、すべての参列者が墓地の建物を去って、墓守がレンガとセメントで壁穴を塞ぎ終わり、彼らも去ったので、建物の扉の鍵をかけようとしたところ、加藤神父の墓の前で一人の若者が祈っているのに気がついた。

驚いて誰かと尋ねると、養護施設の出身者サンチャゴだった。加藤神父の死は彼にとってかけがえのない人との別れであり、いつまでも墓前で最後の話がしたかった。

彼は、お気に入りで大切にしていたペガサス像のキーホルダーを、神父の棺に捧げようと思った。両翼が取り外せるようになっていたので、片方の翼は自分が保管して、もう一方の翼と本体を納棺の少し前にこっそりと棺の上に供えた。

納棺後に墓前で祈っていたら、横で墓守が壁穴を塞ぐ作業をしていて、供えたはずのペガサスの像や他の人たちの供え物を壁穴には入れず、外に置いていることに気がついた。そこで、墓守にペガサスの像を棺と一緒に壁穴に埋葬するように頼み、その作業が終わるまで一時間近く見守っていたのだった。

50. ペガサスのキーホルダー

マウロ神父がサンチャゴを見つけた時は、その作業の終わるのを確かめて安堵しているところだった。彼はペガサスの片翼を加藤神父の形見と思って、今でも大切に保管している。

筆者も納棺に立ち会い、墓の前に佇《たたず》んで思いを巡らせた。自分たちも貧しいが、さらに貧しい人には施しをする母親の記憶は、加藤神父の脳裏から去ることはなかった。米川神父たちに導かれて、父親の強い反対を押し切ってカトリックの道を進む決心をした。学校で研鑽《けんさん》を重ね、日本で修道経験を積み、ついにローマ教皇から教皇庁へ来るように要請されるまでになった。

しかし、加藤神父がペルー政府によってローマ行きを阻止された時に身体に植え付けた決意は固く、「貧しい人への愛」に徹する誓いを新たにし、祖国ペルーへ戻ってきた。そして、神の御心に導かれるままに貧しい人への愛を実践した。

伝道の旅半ばで納棺された身になっても、加藤神父の心は棺を打ち破り、広野を駆け巡って、愛を広めたい炎が燃え立っているような気がして、筆者の心が悲しみに沈むことはなかった。

加藤神父はまさしく炎の人であった。ペルー日系人社会における至宝である。このように愛にあふれた日系人はもはや現れないのではないかと思われてならない。

脚注

[1] 伊藤力・呉屋勇編著『在ペルー邦人七十五年の歩み』ペルー新報社、一九七四年「附表」一五九～一六一頁。第五十七回渡航、森岡移民第五十五回、乗船者計二百四十五名。

[2] カヤオ（Callao）は、ペルーの首都リマ西部に位置する国内最大で主要な港町。一五三七（天文六）年、スペインの太平洋における主要な貿易港となった。リマと共にリマ都市圏を形成する。カヤオ特別区の中心地であり、国内人口の三分の一がここに居住している。

[3] リマ（Lima）は、ペルー共和国の首都ならびに政治、文化、金融、商業、工業の中心地である。一九一九（大正八）年の人口は一七万五千人と推計されている（"Peru". Statesman's Year Book. London: Macmillan and Co. 一九二一年、一一七五頁）国連推計によれば、二〇一八（平成三十）年のリマ人口は千三十九万人でペルー最大、南米有数の世界都市。

[4] 十九世紀末、ペルー沿岸地域では砂糖キビ・プランテーションによる製糖事業の拡大のため労働力を必要としていた。一八九八（明治三十一）年に日本の移民会社である森岡商会が田中貞吉を代理人としてペルーに派遣し、翌一八九九（明治三十二）年に森岡商会を仲介役としてペルーへの集団移民が始まり、七百九十名の日本人が移民船「佐倉丸」で横浜港から太平洋を渡り、同年四月三日にペルーのカヤオ港に到着した。これは南米への集団移民としても最も古い。一九二三（大正十二）年に契約移民の送り出しが終了するまで、八十三回の航海で一万八千七百二十七人の日本人がペルーに渡った。入耕先には、パラモンガ耕地をはじめ、カニエテ、ローマ、サンニコラス、ラレト、タンボレアル、サンアウクスティン、チクリン、ブエナビスタがある。

[5] 前掲『在ペルー邦人七十五年の歩み』九十三頁。

[6] 加藤正美（かとう まさみ）。ペルー名はマヌエル・マサミ・カトウ・イイダ（Manuel Masami Kato Yda）。修道名はフレイ・ソテロ（Fray Sotelo）。

[7] 加藤忠夫（かとう ただお）。ペルー名はフアン・マヌエル・タダオ・カトウ・イイダ（Juan Manuel Tadao Kato Yda）。一九二一（大正十）年十一月一日リマ市生まれ、一九八一（昭和五十六）年二月十五日没。加藤神父の兄。

[8] 迫田ヨシ子（さこだ よしこ）。旧姓加藤。ペルー名はヨシコ・デ・サコダ（Yoshiko de Sakoda）。一九二六（大正十五）年三月一日（戸籍上は一九二八年一月五日）生まれ、二〇一〇（平成二十二）年二月三日没。加藤神父の双子の妹。

[9] 桜井進編『在秘同胞年鑑』一九三五年、日本社（リマ）二九〇頁。一九三六（昭和十一）年三月十四日没。享年五十六。リマ首都県カニエテ郡サン・ヴィセンテ・デ・カニエテ町にある曹洞宗慈恩寺に戒名「浄明院釋源聖妙居士」を受戒され、第四

段一〇一番に位牌が収められている（太田宏人編『慈恩寺位牌リスト』二〇〇一年、八十八頁）。

10 エンマヌエル協会婦人部長、吉開ノルマ氏が加藤神父から聞いた話。

11 当時、南北米で唯一の在外指定小学校。一九二〇（大正九）年二月に創設。横瀬五郎初代校長を筆頭に文部省派遣の教師によって日本の教育方針に従って国語、算数、歴史、修身、音楽、体操などの授業が行われた。しかし、真珠湾攻撃後、米の同盟国としてペルーも対日宣戦布告し、国内の日本人学校を一斉に強制接収。リマ日校も閉鎖された。

12 横瀬五郎（よこせ ごろう）。一八九六（明治二十九）年三月二十日茨城県真壁郡大宝村横根（下妻市）に生まれる。一九一八（大正七）年三月東京府青山師範学校卒、四月小石川林町尋常小学校訓導。一九二〇（大正九）年五月に妻で教諭の春子と共にペルーへ渡航。春子は、その二年後に病死した。一九三六（昭和十一）年五月二日、横浜着平洋丸で帰国（ラテンアメリカ協会編『日本人ペルー移住の記録』一九六九年、一〇二～一〇四頁、『リマ日本人学校創立五十年周年記念誌』二頁）。

13 須永広次（すなが こうじ）。福岡県出身。一九四〇（昭和十五）年七月～一九四二（昭和十七）年一月までリマ日校の校長を務めた。一九四二（昭和十七）年一月二十四日、日本との国交を断絶したペルー政府は、須永を含めた十二名をラ・ペルラ（**La Perla**、現在のレオンシオ・プラド **Leoncio Prado**）校内に収容隔離。同年四月五日第一次送還船エトリン号で米国テキサス州ケネディ収容所に送った。戦後、帰国して福岡県に戻り、大分少年院院長を務めた（前掲『日本人ペルー移住の記録』二八〇頁。坪居壽美子著『かなりやの唄』連合出版、二〇一〇年、一六九頁。『在ペルー邦人七十五の歩み』一四六頁）。

14 樫谷伊勢雄（かしたに いせお）。高知県出身。須永校長と同様、一九四二（昭和十七）年四月五日第一便送還船エトリン号で米国テキサス州ケネディ収容所へ送られた。終戦後、日本へ帰国し高知県へ帰郷（前掲『在ペルー邦人七十五の歩み』一四五頁）。

15 青木正（あおき ただし）、獣医。「ドクター青木」と呼ばれていた。オーストリア人女性と結婚し、リマ郊外で養豚を営んでいたが、第二次世界大戦中、米国テキサス州クリスタルシティへ抑留された。一九四三（昭和十八）年九月一日、第二次日米交換船グリップスホルム号にて日本へ向かったが、途中スペイン語を話せる日本軍の要員としてフィリピンのマニラで下船。帰国後はＧＨＱ獣医課に所属し、その後動物愛護協会病院の二代目院長に就任（前掲『かなりやの唄』、二四五頁。松浦喜代子著『日系ペルー人おてちゃん一代記』論創社、二〇〇三年、七五～七六、九八頁。飯塚武文著「麻布大学東京同窓会100年史 同窓会と人間関係の継り」二〇一五年十一月八日）。

16 平良良松（たいら りょうしょう）。一九〇七（明治四十）年十一月十二日沖縄県那覇市生まれ。沖縄師範を中退。一九三四（昭和九）年、ペルーに渡りリマ日校で教諭を務めた。一九四二（昭和十七）年六月十五日、第三次送還便シャウニー号にて一家で米国テキサス州シーゴビル抑留所に収容された。所内「国民学校」でも教諭を務め、一九四三（昭和十八）年九月一日、第二次日米交換船グリップスホルム号にて日本へ向かった。だが途中、スペイン語を話せる日本軍の要員としてフィリピンのマニラで下船。一九四六（昭和二十一）年沖縄に帰り、沖縄社会大衆党から琉球立法院議員となる。のち那覇市長を四期務め、反戦反基地闘争の先頭に立った。一九九〇（平成二）年三月十九日に他界。享年八十二（前掲『リマ日本人学校創立五十周年記念誌』二〇頁。前掲『在ペルー邦人七十五の歩み』一四六頁、前掲『かなりやの唄』二〇一頁）。

17 加藤神父は、この剣道の先生は後日、韓国で警官になったと聞いている。

18 森江五郎（もりえ ごろう）（前掲『リマ日本人学校創立五十周年記念誌』二〇頁）。

19 加藤神父はリマ日校を卒業するはずだったが、六年生だった一九四〇（昭和十五）年十二月十七日、ペルー政府が「教育八割制法実施令」を発令。スペイン語教育が義務化され、日本語教育が禁じられた。リマ日校は「エスクエラ・ヘスス・マリア（**Escuela Jesús María**）」と改称してペルー人教師を採用し、スペイン語教育のみを実施。とたんに生徒数が激減した。苦肉の策で始業前一時間、終業後一時間三十分を特別授業として日本語教育にあて、さらに修業年限も七年生までに延長した。しかし、スペイン語教育ならリマ日校に通う必要は無いと判断して普通学校へ転校させた家庭や、教育の質の低下に見切りをつけて日本へ帰国する選択をする移民がいたため生徒数の減少は続いた（前掲『在ペルー邦人七十五年の歩み』一四八頁。前掲『日本人ペルー移住の記録』一〇三頁）。

20 一九三五（昭和十）年の在留邦人職業構成では、「薪炭店」に二百九十七名が従事しており、七番目に多かった。一九二八（昭和三）年、在秘露里馬日本人薪炭商同業組合が設立されている（前掲『在秘同胞年鑑』四頁、町田宗博著「第二次世界大戦前のペルーにおける日本人同業者組合の設立」琉球大学法文学部紀要『人間科学』二〇一七年九月、第三十七号一三三～一五三頁）。

21 実業家アウグスト・レギア（**Augusto B. Leguía**、一八六三～一九三二年）が大統領となり一九一九（大正八）～一九三〇（昭和五）年まで政権を執った時期、輸出品の価格が上昇したため国際収支は黒字化し、通貨は一ソルあたり〇．三七ドルの相場を維持していた（増田義郎、柳田利夫著『ペルー太平洋とアンデスの国』中央公論新社、一九九九年、一三三頁）。日本円は当時一米ドルに対して二．〇二円であったので、一八セントは約十四銭にあたる。米価格に基づいた物価指数（およそ一四三〇倍）では、現在の約二百円（日本銀行金融研究所ホームページ「歴史統計」より）。

22 前掲『かなりやの唄』一四〇～一四一頁。

23 ファティマの聖母（**Nuestra Señora de Fátima**）の祝日。ポルトガルの小さな町ファティマで起きた、カトリック教会が公認している聖母の出現のひとつ。一九一六（大正五）年春頃、ファティマに住むルシア、フランシスコ、ジャシンタら三人の子どもたちの前に、平和の天使とする十四～十五歳位の若者が現れ、祈りの言葉と、額が地につくように身をかがめる祈り方を教えた。その後も天使の訪問は続いた。翌年の五月十三日、その三人の子どもたちの前に聖母マリアが現れ、毎月十三日に同じ場所へ会いに来るように言った。子どもたちは妨害に遭いながら聖母に会い続け、様々なメッセージを託された。ローマ教皇庁はこれを奇跡として公に認め、一九六七（昭和四十二）年、最初に聖母が出現した五月十三日を記念日に指定した。

24 扶助者聖母マリア（**Nuestra Señora María Auxiliadora de los Cristianos**）の祝日。一五七一（元亀二）年のレパント海戦の際、教皇ピオ五世が「キリスト者の助け手」の呼び名で保護を祈り求めたことから大きく広まった。後の教皇ピオ七世が一八一五（文化十二）年にナポレオンによる幽閉から解放されたことを聖母に感謝し、五月二十四日を記念日に指定した。

25 ドス・デ・マヨ国立病院（**Hospital Nacional Dos de Mayo**）は、一五三八（天文七）年にペルーで初めて開設された病院。リマ市の中心部であるセルカド地区に位置する。現在、病床数は五八六床、施設規模は四万三千五百平方メートルと広い。一八七五（明治八）年の増築分を含め、歴史的建造物群は文化財指定となっている。

26 一九六一（昭和三十六）年五月、在日スペイン大使館商務参事官推薦のもとスペイン語教室「テソロ　エスパニョル」（**Tesoro Español**）の名称で豊島区大塚に開校。その後、一九七五（昭和五十）年二月に「日本スペイン語センター」と改名、法人となり今日に至る。現在の所在地は東京都千代田区飯田橋。

27 カリスト・ジェリナ（**Calixto Gélinas**）。一八八一（明治十四）年十月三十日、カナダのトロワ・リヴィエール市サン・ベルナベ（**Saint Bernabe, Diocesis Trois Rivieres, 16, Canada**）に誕生し、一九五三（昭和二十八）年七月五日、ペルー国リマ市にて帰天。一九〇五（明治三十八）年にセラフィカ清貧修道会に入り、翌年にフランシスコ会修道士として初誓願を立てた。ケベックで神学を学んだ後、一九一〇（明治四十三）年七月二十五日に叙階。同年日本へ派遣され、最初の十二年間は北海道、その後の十二年間は鹿児島で布教活動を行った。北海道に滞在中、第一次世界大戦が勃発。ドイツのフルダ管区の管轄にあったフランシスコ会は、従軍することになったフランス人のパリ宣教師が帰国し、敵性外国人となったドイツ人には不動産管理や会計の業務ができなくなった。そこで、カナダ人であるカリスト神父に業務を一任。その職務遂行のため帰化する必要性に迫られ、一九二二（大正十一）年三月二十八日、日本では主食が米であること、宣教地区が旭川だったことから、帰化名「米川基」を名乗ることになった（**Juan Tokushima** 著『**90 AÑOS DE HISTORIA DE LA MISIÓN CATÓLICA JAPONESA EN EL PERÚ**』二〇〇七年、リマ、九～一一頁。平山久美子著『大島高等女学校の創立・運営に携わった宣教師達の横顔Ⅰ　―カリキスト・ジュリナ（帰化名：米川基）師―』鹿児島純心女子短期大学、江角学びの交流センター、地域・人間・科学、第十二・十三号、二〇〇九年三月、五十四頁。アントニオ平秀應著『宣教師たちの遺産・フランシスコ会カナダ管区』フランシスコ会アントニオ神学院、一九八八年、二十六頁）。

28 ウルバノ・マリア・クルティエ（**Urbano Maria Cloutier**）。一八九〇（明治二十三）年生～一九六五（昭和四十）年二月二十二日没。一九一八（大正七）年十二月六日に日本へ渡り、北海道旭川でカリスト神父と共に宣教。日本の文化に興味がありカリスト神父から日本語を学んだ。三年後、鹿児島に移った時にはすでに流暢な日本語で説教するまでになっていた。カリスト神父が「米川基」と改名した翌年、一九二三（大正十二）年に自身も「米川正儀」と改名し帰化。その後、一九三二（昭和五）年頃にエジプトへ、一九三八（昭和十三）年にペルーへ派遣された。一九五三（昭和二十八）年十月二十二日、日本およびペルーでの日本人に対する献身的働きを認められ、日本政府より勲四等を叙勲された（前掲、平山、および平）。

29 奄美大島でパリ外国宣教教会と長崎教区の日本人司祭が宣教活動を始めたのは一八九一（明治二十四）年。その後一九二一（大正十）年からはカナダ管区フランシスコ会が宣教活動を引き継ぎ、一九二七（昭和二）年にミッションスクール「大島高等女学校（現・奄美高校）」を開校。カリスト神父が初代校長に就任した。これが鹿児島県初の鉄筋コンクリート造りの校舎だった。カリスト神父は無原罪聖母宣教女会のシスターたちを十年間の滞在期間中に十二名招聘し教育にあたらせた。しかし、一九三三（昭和八）年、軍部を後ろ盾とする「奄美国防研究会」が結成され、カトリック排撃と大島高女廃校を決議。同校は一九三四（昭和九）年三月三十一日に廃校となった（鹿児島純心女子学園編「鹿児島純心高等女学校設立に至る鹿児島のカトリック高等女学校の変遷」二〇一九年五月）。

30 一九三二（昭和五）年、ウルバノ神父は派遣先のアレクサンドリアで、のちの在ペルー日本国全権公使、北田正元（一八八八～一九七八年）と交友を結んだ。北田は、一九三八（昭和十三）～一九四〇（昭和十五）年、ペルー全権公使を務め、直後に退官した。

31 マドレ・フランシスカ（**Sor Francisca Gros**）。一八六七（慶応三）年生～一九五七（昭和三十二）年没。シャルトル聖パウロ修道女会派。フランスで二十二歳の時に愛徳姉妹会（**Hijas de la Caridad**）に入り、第一回日本人移民と同じ一八九九（明治三十二）年にペルーに渡り、孤児院での奉仕を七年間行った。その後、建設されて間もないリマの男性用慈善病院だったドス・デ・マヨ病院での奉仕を命じられた。同病院にて一九〇一（明治三十四）～一九三六（昭和九）年の間に千百十四名の日本人移民を洗礼した（ラウル・アラキ著「*Coreanos y japoneses en el Perú: Religión, inmigración y comunidad.*」ディスカバーニッケイ、二〇〇七年十二月十九日。前掲、山脇）。

32 エミリオ・リッソン（**Emilio Lissón**）。一八七二（明治五）年生～一九六一（昭和三十六）年没。ペルー南部のアレキパ県に生まれ、ビセンティノ修道会（**Orden de San Vicente de Paúl**）の司祭として一八九五（明治二十八）年にフランスのパリで叙階。一九〇九（明治四十二）年からペルー北東部のチャチャポヤス（**Chachapoyas**）県で司教を務め、その後一九一八（大正七）～一九三一（昭和六）年までリマの大司教を務めた。神学校や私立学校の設立と運営に数多く貢献する一方で、宣教司牧評議会（Sínodo diosesano）や教区管区長会議（Concilio provincial）を開くなどの活動を展開した。一九三〇（昭和五）年八月、軍部を背景としたクーデターによりレギア政権が倒されると、政権を奪った次期大統領サンチェス・セロ（Luis Miguel Sánchez Cerro）は大司教の解任を迫った。リッソンは同年十二月にローマへ渡り辞意を表明。その後スペインのセビージャへ身を移し、以来二度とペルーへ戻ることはなく、一九六一（昭和三十六）年にバレンシアで生涯を閉じるまでスペインで過ごした（八木百合子著「サンタ・ロサ信仰の形成と発展―二〇世紀ペルー社会における展開を中心に」総研大文化科学研究科編集委員会編『総研大文化科学研究』第五号、五～二八頁）。

33 カエターノ・シコグナニ（Gaetano Cicognani）。一八八一（明治十四）年生～一九六二（昭和三十七）年没。イタリアに生まれ、ファエンツァ神学校に学び、一九〇四（明治三十七）年に叙階。その後ローマへ渡り教皇庁立大学で学んだ。一九二八（昭和三）～一九三五（昭和十）年までペルーへローマ教皇大使として派遣されていた。

34 村上義温（むらかみ よしあつ）。一八八九（明治二十二）年生～一九五四（昭和二十九）年没。一九三三（昭和八）年に駐ペルー公使に任命され二年間駐在した。

35 ピエトロ・フマゾーニ・ビオンディ（Pietro Fumasoni Biondi）。一八七二（明治五）年生～一九六〇（昭和三十五）年没。ローマで生まれ、教皇庁立ローマ神学校で学んだ後、一八九七（明治十二）年に叙階。一九一九（大正八）から二年間、日本に教皇使節として駐在した。その後一九二一（大正十）年から布教聖省秘書官、一九三三（昭和八）年からは長官を歴任。布教聖省と日本の太い繋がりを作り上げ、日本の事情、布教の成果と困難、在日宣教師の活躍について直接に報告を受ける立場にあった。一九六〇（昭和三十五）年、ローマで八十七歳の時に帰天した。

36 カリスト神父は、その後一九四八（昭和二十三）年に、フランシスコ会管区評議会によりペルーの分管区区長に選出された。

37 キリスト教の教理をわかりやすく説明し、洗礼や堅信礼といった秘跡の前に行われる入門教育。問答形式をとることが多いため「教理問答」などとも言われる。

38 初聖体拝領（Primera comunión）とは、教義をきちんと理解できるようになったら、正式に自分の意志でカトリック教徒になる儀式。ここで言う「聖体」とは、聖なる体、すなわちキリストの体を表す。キリストの体を象徴する特別なパンを食べ、キリストの心と一体となる。

39 前掲 Tokushima、一三頁。

40 小神学校とは、司祭・修道士を養成する男子のみの中学校。大神学校は、上級聖職位になるため哲学三年間と神学四年間を学ぶ。

41 セミナリオ・デ・サント・トリビオ（Seminario de Santo Toribio）神学校。リマ市に司教座を置くカトリック教会の司教区「カトリックリマ大司教区」の神学校で、一五九〇（天正十八）年十二月七日に創設された。アメリカ大陸で最古の神学校のひとつ。

42 前掲『ペルー太平洋とアンデスの国』二四一～二四七頁。

43 フランシスコ会のレコレ派宣教師団が一六一五（慶長二十）年にカナダに上陸。イエズス会とともにカナダで最古の宣教師団。英国の侵略により二度撤退したが一八九〇（明治二十三）年に三度目の上陸を果たし、カナダのケベック州モリシー地域にあるトロワ・リヴィエール（Trois-Rivières）市に女子修道院を設立。その後カナダ全土に布教し聖ヨセフ・フランシスコ会カナダ管区となり本部をモントリオール（Montréal）市に設置した。

44 アッシジ（Assisi）は、イタリア共和国ウンブリア州ペルージャ県にある都市。聖フランシスコの出身地として知られており、キリスト教の巡礼地。聖フランシスコの名を冠した聖堂やフランシスコ会関連施設は二〇〇〇（平成十二）年「アッシジ、フランチェスコ聖堂と関連修道施設群」として世界遺産に登録された。

45 サン・ダミアーノ修道院（Convento di San Damiano）。一二〇五（元久二）年秋、聖フランシスコはこの教会の十字架から神の声を聞き、一人で石を積みながら修復したのがこの修道院だと言われている。

46 ハンセン病のこと。らい菌の感染により末梢神経障害と重い皮膚症状を発症する。

47 アメリカ大陸が発見されると、スペインは探検家たち（コンキスタドール）に統治を委ねた。しかし、新大陸の重要性が認識されるにつれてコンキスタドールの権限は奪われ、スペインの統治機構が新大陸に移植された。一五二四（大永四）年にインディアス枢機会議が新大陸統治の中枢機関に昇格した。会議は、国王の代理として、一五二九（享禄二）年にアントニオ・デ・メンドーサをヌエバ・エスパーニャ副王領の初代副王に任命した。十七世紀までは、一五三五（天文四）年に設置されたヌエバ・エスパーニャ副王領、一五四三（天文十二）年に設置されたペルー副王領の二人の副王しかいなかった。ヌエバ・エスパーニャ副王はメキシコシティを首都とし、メキシコ、及び中米、北米、カリブ海とフィリピン諸島のスペイン領を統治した。一方のペルー副王はリマに首都を構え、南米のスペイン領全域を支配した。

48 オコパの聖ローサ修道院（Convento de Santa Rosa de Ocopa）のこと。フランシスコ会は、一六三五（寛永十二）年に中央セルバのセロ・デ・ラ・サル近郊のキミリにミッションを創設したことを皮切りに、ペレネ川流域のセルバ原住民を改宗させていった。しかし、スペイン人の強引なセルバ支配への反発から多くの宣教師が殺害された。この流血の時代は、一七一六（正徳六～享保元）年にハウハ谷のオコパにやってきたフランシスコ会士フランシスコ・デ・サン・ホセ（padre Francisco de San José）が尽力し収拾させた。そして、この修道士により聖ローサ修道院の建設が始まり、一七二五（享保十）年に完成した。この修道院はセルバへの布教基地となり、中央セルバ地域の地理や文化に関する情報が集積した。この貴重な資料は今でも残る修道院の資料館内に保管されている（真鍋周三著「十八世紀ペルーにおけるフアン・サントス・アタワルパの反乱の社会経済的背景」、京都ラテンアメリカ研究所紀要第一〇号、八五～一二五頁、二〇一〇年十二月、京都外国語大学、九十五頁）。

49 今はプエブロ・リーブレ区のマリナ通りとスークレ通りの角にある。

50 コレヒオ・クラレチアーノ（Colegio Claretiano）。一九三四（昭和九）年四月一日に創設された聖クラレチアン宣教会系の神学校。

51 スータン（soutane）。カトリック教会の神父や聖公会の聖職の平服に用いられている立襟の祭服。司祭平服。第二バチカン公会議（一九六二～一九六五年）の「修道生活の刷新・適応に関する教令」により修道服は簡素・質素・端正な修道の務めに適したものとされ、スタイルは大きく変化した。

52 Gato スペイン語で「猫」の意。

53 ケベック州にあった旧モントリオール・ドルバル国際空港（Montréal-Dorval International Airport）。現在はモントリオール・ピエール・エリオット・トルドー国際空港となっている。

54 村田源次（むらた げんじ）。一九一五（大正四）年十一月二十八日、鹿児島県奄美大島笠利町平に生まれる。戦前の奄美大島でのキリスト教弾圧の逆境の中にありながら、一九四〇（昭和十五）年、日本人で初めてヴィアトール修道会に入会。満州国に渡り「暁東中学校」にて宣教活動を行った。一九四五（昭和二十）年、カナダのモントリオールにおいて司祭叙階。その後、帰国してヴィアトール修道会の神父としてヴィアトール学園洛星中学高校の創設に従事。その教育界における功績が認められ、一九八六（昭和六十一）年に叙勲。一九七二（昭和四十七）年からは第四代校長として十六年間務めた。二〇〇七（平成十九）年七月十四日、老衰のため京都市の病院で帰天。九十一歳。奄美大島で米川神父らとは既知の間柄だったと思われる（前掲、平、二七六頁）。

55 前掲、Tokushima、一四頁。

56 Seminario Franciscano de Teología。モントリオール市ローズモントのレソレクシオン修道院（Convento de la Resurrección）に設置されていたフランシスコ会の大神学校（5750, Boulevard Rosemont）。

57 シェルブルック（Sherbrooke）は、ケベック州イースタンタウンシップス地方最大の都市。フランシスコ会の修道院と修練院がある。

58 修練院（Novitiate）はカトリック教会の修道会員の養成機関。日本では「ノビシャド」という用語は、日本では特にイエズス会が一五八〇（天正八）年に豊後国臼杵（現大分県臼杵市）に設置したキリシタン時代のものを限定して指す。

59 一九四七（昭和二十二）年八月一日から一九四八（昭和二十三）年八月十二日までの一年間（前掲、**Tokushima**、一四頁）。

60 エルサレム（**Jerusalén**）はイスラエルで一番大きい都市。ユダヤ教、キリスト教、イスラム教の聖市。イスラエルの首都。キリスト教の聖地となったのは三二〇年頃とされる。イエス・キリストが処刑された地でもある。

61 パレスチナ（**Palestina**）は、地中海東岸のシリア南部の地域的名称。イスラエルとパレスチナ自治区、東部の砂漠地域を除くヨルダン、レバノンとシリアの一部を指す。特に、旧国際連盟イギリス委任統治領パレスチナにあたる、現在のイスラエル、パレスチナ自治区、ヨルダンを指すこともある。第二次世界大戦後は、より狭く、ヨルダン川より西、現在のイスラエルとパレスチナ自治区（古代のカナン地域を含む）を指すことが多い。

62 ベツレヘム（**Belén**）は、パレスチナのヨルダン川西岸地区南部のベツレヘム県の県都。ヘブライ語聖書ではダビデの町とされ、新約聖書ではイエス・キリストの生誕地とされている。世界最古のキリスト教共同体が存在した場所。

63 テルアビブ（**Tel Aviv**）はイスラエルで二番目に大きい都市。イスラエル経済・文化の中心地で、かつ中東有数の世界都市。

64 一九七九（昭和五十四）年のこと。第四次中東戦争（一九七三年十月）で、エジプトやシリアをはじめとするアラブ諸国がイスラエルに軍事的敗北を喫したが、米国の仲介によりエジプトとイスラエル間で一九七八（昭和五十三）年にキャンプ・デービッド合意、その翌年にはエジプト・イスラエル平和条約が締結され、エジプトがイスラエルを国家承認することと、イスラエルがシナイ半島から撤退することが定められ、中東戦争は事実上終結した。加藤神父がテルアビブに降り立った時期が中東戦争の終結前後にあたり、周辺は軍事的に不安定だった。

65 サグラダス・ヤガス修道院（**Convento de las Sagradas Llagas. 733, rue de l'Alverne, Québec**）。現在はフランシスコ会の管轄ではない。

66 サン・アントニオ・デ・パドゥア教会（**Parroquia San Antonio de Padua**）。一九五二（昭和二十七）年六月十三日、フランシスコ会カナダ管区によりリマ市ヘスス・マリア地区（**Jesús María**）に設立。

67 吉田茂（よしだ しげる）。一八七八（明治十一）年九月二十二日、東京神田駿河台（のち東京都千代田区）に生まれる。一九六七（昭和四十二）年十月二十日没。日本の外交官、政治家。ウルバノ神父の叙勲時は、一九五三（昭和二十八）年に組閣した第五次吉田内閣だった。

68 前掲、平山、二〇〇九年三月、五十九頁。

69 脇田淺五郎（わきだ あさごろう）。洗礼名トマス。一八八一（明治十四）年十月二十六日長崎県久賀島に生まれた。一九〇九（明治四十二）年七月長崎公教神学校を卒業して長崎や熊本で司牧した後、一九四三（昭和十八）年に朝鮮光州の知牧となったが、一九四五（昭和二十）年に辞任して帰国。一九四七（昭和二十二）年に横浜教区司教に任命され、五月二十七日に司教叙階。戦後の同教区の復興に努めた。一九五一（昭和二十六）年七月に辞任。晩年は那須で静養し、同地で一九六五（昭和四十）年三月十六日に帰天した。著書に『仏教概論』『主日・祝日説教集二巻』などがある。

70 マヌエル・オドリア（Manuel Apolinario Odría Amoretti）。一八九七（明治三十）年生～一九七四（昭和四十九）年没。一九四八（昭和二十三）年、アプラ党抵抗運動激化の中で、国情不安を理由に、当時首相だったオドリア将軍が蜂起し、大統領を追放し実権を掌握。一九五〇（昭和二十五）年、形式上の立憲大統領に就任した。一九五六（昭和三十一）年に任期を満了した後は民政に移管した。

71 四年ごとに開催されるカトリック教会の国際集会。聖体への意識と典礼への理解を高め、聖体の社会的側面を研究する。一八八一（明治十四）年にフランスで第一回大会が開催され、二〇一六（平成二十八）年にフィリピンで五十一回大会があった。次回の五十二回大会はハンガリーで二〇二一（令和三）年開催予定。加藤神父は当時、一九五五（昭和三十）年七月に開催が予定されていた第三十六回ブラジル大会の対応にあたった。

72 加藤正美著「日本見たまま感じたまま（七カ年の日本生活）」秘露新報。一九六二（昭和三十七）年四月二十四日（第三五八〇号）～五月十五日（第三六〇〇号）に十五回連載されたコラム記事。以降、本章内の引用文の出典は上記寄稿記事による。

73 カトリック田園調布教会。フランス人宣教師ジャン・アレキシス・シャンボン大司教がカナダ管区のフランシスコ会に田園調布教会で働くための宣教者の派遣を要請し、一九三〇（昭和五）年に教会活動を開始。翌年カナダ・フランシスコ会の宣教師が教会を創立し、修道院が建築された。その後、近隣一帯を小教区として独立司牧する任務がフランシスコ会に委託され、一九三六（昭和十一）年、管区長館が鹿児島から東京に移った。その翌年に聖堂が完成したが、真珠湾攻撃が勃発し、神父たちが敵国人としてただちに連行収容された。戦時中は警察による接収があったが、唯一の邦人司祭稲用経雄（いなもちつねお。一九〇一年生～一九九七年没。大分県中津市出身）神父が、教会を守り通した。一九四五（昭和二十）年の終戦で教会は復活し、現在、東京教区内でも三番目に信者数の多い教会に発展を遂げた。加藤神父は、一九五五（昭和三十）年に日本へ派遣され、一九七六（昭和五十一）年にペルーに帰国するまでカナダ管区の宣教地区で活動を行った。その翌年、一九七七（昭和五十二）年、カナダ管区の宣教地区はフランシスコ会日本管区に入籍。そのため、加藤神父は日本管区聖ヨゼフ修道院の所属となっている（カリスト・スイニ著『日本のフランシスコ会一五九三～二〇〇七』フランシスコ会日本管区、二〇〇七年、一五～一七頁）。

74 エル・セニョール・デ・ロス・ミラグロス（El Senor de los Milagros）は、カトリックの祭りで「奇跡の聖人」像の山車を教会の周辺で練りまわす。

75 上智大学は一九一三（大正二）年に創立されたイエズス会系カトリック大学。一五四九（天文十八）年に日本へ布教に来たイエズス会宣教師フランシスコ・ザビエルは、当時（室町時代）の足利学校や五山における高度な学問・教育の存在を知り、文化・思想の交流拠点として、ヨーロッパと同様の大学機関を東京に設立しようと考えた。その後のキリシタン禁制期にこの望みは断たれたかに見えたが、三百五十年余りを経た一九〇六（明治三十九）年、ローマ教皇ピウス十世の命により、イエズス会に対し日本にカトリック大学の設立を要請し、一九一三（大正二）年東京紀尾井の地に上智大学が開学した。「上智」という名は「聖マリアの連祷」のなかにある Sedes Sapientiae（上智の座）から名づけられたと言われる。

76 ローマン・カラー（roman collar）。カトリックの司祭の服に用いられる幅が広い襟のこと。後ろで留める。

77 サルディーナ（Sardina）。イワシのこと。

78 告解（こっかい）。カトリック教会において洗礼を受けた者が自罪を聖職者へ告白し、神からのゆるしと和解を得る信仰儀礼。「ゆるしの秘跡」とも呼ばれる。

79 一九三九（昭和十四）年、埼玉、茨城、栃木、群馬の四県は横浜教区から「浦和使徒座知牧区」として独立、カナダ管区フランシスコ会に委託された。浦和市ほかの合併に伴い二〇〇三（平成十五）年「浦和教区」から「さいたま教区」へと名称を変更し、現在に至る。

80 内野作蔵（うちの　さくぞう）。一八七六（明治十一）年生～一九六〇（昭和三十五）年没。一八七六（明治九）年八月二十二日、静岡県安部郡服機村谷津にて誕生。禅寺の寺子屋で読み書きを習う。村役場に勤務し、二十歳で助役就任。間もなく上京。三十歳の頃、八王子教会においてプラシド・アウグスチノ・メイラン神父（Placide Augustino Mayrand、一八六六年生～一九四九年没）と出会い、カトリック信仰を知る。一年後洗礼を受けて「パウロ」と名付けられ、この時に司祭志願を打ち明ける。さらに一年間教会の雑務に専念。築地の神学校に入学。ラテン語、フランス語、哲学、神学を学び、一九二一（大正十）年司祭叙階し、二年後には前橋教会の主任司祭に就任。一九三七（昭和十二）年、世田谷の無線学校近くに学生寮「双線寮」設立。一九四〇（昭和十五）年、初代浦和教区長アンブロアズ・ルブラン神父（Ambroise Leblanc、一八五二年生～一九三三年没）の後を継ぎ教区長就任。戦時中は中央出版社社長として出版布教に努める。一九五七（昭和三十二）年の退任までの十七年間、浦和教区へフランシスコ会、パリ外国宣教会、イエズス・マリアの聖心会、マリアの宣教者フランシスコ修道女会、ベタニア邦人姉妹会、お告げの聖フランシスコ会、トラピスト修道女会などを迎える。一九六〇（昭和三十五）年一月十六日、脳溢血により小金井の桜町病院にて帰天（池田敏雄著『人物による日本カトリック教会史』中央出版社、一九六八年、二九五～二九九頁）。

81 横浜勤務となった一九五六（昭和三十一）年頃より、加藤神父はカトリック横須賀大津教会の伊藤淑雄（いとう としお）神父（洗礼名ベルナルド。二〇〇七年二月十五日に帰天。享年八十二）と交友を持つようになり、以来、たびたび教会を訪れていた。この縁で、教会は加藤神父を支援し、帰天後の現在も支援を続けている。

82 「らい」（癩）の呼称は偏見・差別を助長するものとして現在は一般には使用されていない。正式病名は「ハンセン病」。一八七三（明治六）年にらい菌を発見したノルウェーの医師、アルマウェル・ハンセン（**Gerhard Henrick Armauer Hansen**、一八四一年生～一九一二年没）に由来する。痒みや痛みなどの自覚症状のない治りにくい皮疹で、白斑、紅斑、環状紅斑、結節などさまざまである。皮疹にほぼ一致して知覚の鈍麻や麻痺を認め、らい菌により末梢神経障害が引き起こされる。さらに、毛根や汗腺も障害されて、脱毛や発汗低下も起こる。

83 多磨全生園（たま ぜんしょうえん）。所在地は東京都東村山市青葉町。一九〇九（明治四十二）年、第一区府県立全生病院（ぜんせいびょういん）として開設。一九四一（昭和十六）年に当時の厚生省に移管されると同時に名称を「国立療養所多磨全生園」と改称。日本国内にある国立ハンセン病療養所は現在全部で十三か所ある。

84 一九五八（昭和三十三）年頃、一時期カトリック浦和教会で司祭をしていた縁で、後に加藤神父が慈善事業を始めた時、浦和教会の信者たちは惜しみなく支援を送った。

85 前掲、内野作蔵。

86 本原教会。所在地は長崎市三原。一九五二（昭和二十七）年、従来浦上小教区に属していた本原三丁目クラブを仮聖堂としていたが、一九五五（昭和三十）年にフランシスコ会が長崎修道院を三原に設立し、仮聖堂を移転した。一九六〇（昭和三十五）年に本原小教区が新設され、その司牧が聖フランシスコ会に委託された。

87 日本二十六聖人（にほんにじゅうろくせいじん）は、一五九七年二月五日（慶長元年十二月十九日）豊臣秀吉の命令によって長崎で磔の刑に処された二十六人のカトリック信者を指す。このでき事を「二十六聖人の殉教」というが、西洋諸国では「聖パウロ三木と仲間たち（西：San Pablo Miki, de la Compañía de Jesús）」とも呼ばれる。後にカトリック教会によって聖人の列に加えられると、「日本二十六聖人」と呼ばれるようになった。カトリック典礼上の記念日は二月五日である（なお、西洋では二月六日）。

88 第二次世界大戦末期の一九四五（昭和二十）年、米軍は八月六日の広島市への原爆投下に続き、八月九日にも長崎県長崎市に対して原子爆弾を投下した。標的となった浦上地区（一九二〇年に長崎市に編入）には明治維新後、九州鉄道（現：長崎本線）が敷設されて開発が進み、長崎海軍伝習所の流れを汲む造船業や、上海など大陸と日本を結ぶ航路の拠点として発展を続けていた。長崎港口に浮かぶ伊王島、高島、端島（軍艦島）では石炭が見つかり、鉱山労働者が浦上に集まっていた。また、主力産業であった造船、鉱業は三菱財閥により支えられ企業城下町でもあった。

89 浦上では村民がキリスト教信仰を表明したが、一七九〇（寛政二）年から一八六七（慶応三）年の間、四度にわたる「浦上崩れ」（信者の大量摘発と拷問により仏教への改宗をせまり、改宗しない者は流罪により処刑）により弾圧を受け続けた。明治時代に入っても、政府は禁止令「五榜の掲示」の第三札で「切支丹邪宗門の禁制」を掲げたが、これが「五箇条の御誓文」で国際法を遵守するという立場に反するという欧米列強からの批判を受け、一八七三（明治六）年に廃止され、キリシタン弾圧の禁制はとかれた。自由を得た浦上の信徒たちは浦上天主堂の建設にとりかかり、一九一四（大正三）年、レンガ造りのロマネスク様式大聖堂を建立した。正面双塔にフランス製のアンジェラスの鐘が備えられ、東洋一の大聖堂と謳われたが、一九四五（昭和二十）年、米軍の原爆投下により爆心地の北東約五百メートルの位置にあった聖堂は倒壊。この受難は「浦上五番崩れ」とも呼ばれる。加藤神父が訪れた一九五八（昭和三十三）年二月頃はまだ遺構が残されていたが、翌三月に長崎市議会が遺構撤去を決議し取り壊された。翌年に旧天主堂の外観を模した現在の浦上教会の建物を再建。周囲には被爆遺構の石像などが配され、今も原爆の爆風に耐えたもう一方のアンジェラスの鐘が時を告げる。

90 五島列島（ごとうれっとう）。通称「五島」。全島が長崎県に属し、自然海浜や海蝕崖、火山景観など複雑で変化に富んだ地形で、ほぼ全域が西海国立公園に指定されている。島々には多くのカトリック教会が点在し、「長崎の教会群とキリスト教関連遺産」として二〇一八（平成三十）年に世界遺産登録された。

91 狩野川台風（かのがわたいふう、昭和三十三年台風第二十二号、国際名：アイダ）。一九五八（昭和三十三）年九月二十七日に神奈川県に上陸し、伊豆半島と関東地方に大きな被害を与えた台風。横浜では死者六十一人、負傷者百三十五人、倒壊家屋七百九十二棟、浸水家屋二万四千三十六戸に達した（横浜市ホームページ「消防沿革」内、「横浜消防のあゆみ：沿革一九五八年」二〇一九年）。

92 ルカによる福音書十一章五~十三節「真夜中の頼みごと」と言われる一節。「友よ、パンを三つ貸してください。旅行中の友達がわたしのところに立ち寄ったが、何も出すものがないのです」と夜中に隣人が頼み事に現れた場合、家人は「面倒をかけないでください。もう戸は閉めたし、子供たちはわたしのそばで寝ています。起きてあなたに何かあげるわけにはいきません」と言うだろうが、しつこく頼めば、起きて来て必要なものは何でも与えるだろう、というイエスの教え。つまり「必要なものを求める時には大胆になり、恥ずかしがらずに神の御前に行け」との諭し。

93 チャプレン（英: **chaplain**）。元々は施設に設置されたチャペルで働く聖職者を指したが、現在では教会や寺院に属さずに施設や組織で働く聖職者（牧師、神父、司祭、僧侶など）の総称となっている。米軍では、宗教にかかわらず、ラビ、イマーム、僧侶など、従軍するあらゆる聖職者を意味する。ふつうチャプレンは教区司祭の司牧義務は有さず、聖職給はその属する機関より受ける。

94　聖母病院は、マリアの宣教者フランシスコ修道会を経営母体とする社会福祉法人聖母会が運営する病院。所在地は東京都新宿区中落合。一九三一（昭和六）年に「国際聖母病院」として開院し、一九四三（昭和十八）年に「聖母病院」へ改称。

95　レジオマリエ（**Legio Mariae**）。一九二五（大正十四）年フランク・ダフ（**Francis Michael "Frank" Duff** 一八八九年生～一九八〇年没）が、アイルランド共和国のダブリンで「あわれみの聖母会」を「レジオマリエ」と名付け、古代ローマの軍隊をモデルに組織した。「神の恵みによってすべての者の中で最も謙遜に神に仕えているマリアの生き方そのもの」を信仰の柱とする信心団体。

96　第三会（**Ordo tertius**）は、ローマ・カトリックの托鉢修道会に属する在俗男女の修道会。修道会の精神を、在俗のまま日常生活に実現したいと願う人のためにフランシスコが別に戒律を定めた。正規修道士は「第一会」、修道女が「第二会」、そして世俗男女の修道会が「第三会」となる。この第三会の会員が世俗を去り修道誓願を立てると「律修第三会」に入る。

97　本書では、二〇〇一（平成十三）年に「保健婦助産婦看護婦法」が「保健師助産師看護師法」に改定されたことに則り、男女ともに「看護師」としているが、ここでは時代背景に即した組織名として「看護婦会」のまま表記する。

98　一九六〇（昭和三十五）年頃、加藤神父が聖母病院で司祭をしていた時に、中込良夫医師と知り合った。中込氏は東京都文京区にあるカトリック関口教会の信徒であった。この縁で、関口教会の信徒の有志が、加藤神父の慈善事業を支援するようになった。加藤神父がエンマヌエルホーム養護施設を設立した経緯を知ると、教育援助の目的で「野の百合の会」を立ち上げた。年末にバザーを行い、その収益金を加藤神父が訪日した時に手渡した。また、加藤神父が関口教会を訪れた時には、特別の催しをして寄付金を集めた。後に、その支援は老人ホームへもさしのべられた。関口教会創立百周年の時には、コンサートやバザーなどの募金活動を行い、その収益金の内から百五十万円を老人ホームに寄付した。

99　渡邉浩平氏は、上智大学に在学中に加藤神父に出会い、その後五十年間交友関係を続けた。渡邉氏は加藤神父を家族の一員と思い、深く付き合った。渡邉氏はカトリック所沢教会の信徒の代表者的存在で、加藤神父が「托鉢の旅」で日本に行く時は、教会をあげて寄付金を集めて手交していた（脚注一〇六を参照のこと）。二〇二〇（令和二）年五月六日、散歩中に突然倒れ帰らぬ人となった。享年八十二。この場を借りて、心よりご冥福をお祈りしたい。

100　長谷川町子（はせがわ まちこ）一九二〇（大正九）年生～一九九二（平成四）年没。漫画家。四コマ漫画『サザエさん』は代表作。主人公の「サザエさん」ことフグ田サザエと、彼女と共に暮らす家族や近所の住民などが織りなす東京の日常を描いている。一九四八（昭和二十三）年から東宝他により十三回実写化。加藤神父が鑑賞した一九六〇（昭和三十五）年には第八作目『サザエさんの赤ちゃん誕生』が公開された。フグ田サザエに江利チエミ、フグ田マスオに小泉博、イソ野波平に藤原釜足、イソ野フネに清川虹子が出演した。友人の渡邉浩平氏は、加藤神父に『サザエさん』の全集五十冊を送っている。加藤神父の愛読書の一つ。

101 美幌峠（びほろとうげ）は一九二〇（大正九）年に開通。阿寒摩周国立公園内にあり、眼下には日本国内最大の火山湖（カルデラ湖）である屈斜路湖のパノラマが広がっているほか、阿寒の山々が一望できる景勝地。

102 アイヌ語で喉口（のどぐち、沼の水が流れ出る口）意味する「クッチャラ」が語源とされる。北海道川上郡弟子屈町（てしかがちょう）にある日本最大のカルデラ湖で、全面結氷する淡水湖としても日本最大。一九三四（昭和九）年、全域が阿寒国立公園に指定された。

103 北海道川上郡弟子屈町にあり、透明度では日本最高、世界ではバイカル湖についで二番目に高い湖。急激に深くなっていることとその透明度から青以外の光の反射が少なく、よく晴れた日の湖面の色は「摩周ブルー」と呼ばれる。

104 北海道釧路市にある湖で、特別天然記念物のマリモやベニザケの湖沼残留型（陸封型）であるヒメマスが生息する。二〇〇五（平成十七）年、ラムサール条約登録湿地となった。

105 パン・アメリカン・ハイウェイ（Pan-American Highway）は、南北アメリカ大陸の国々を結ぶ幹線道路網。ペルーでは「ペルー・ハイウェイ一号線」という名称で呼ばれている。首都リマや地上絵で有名なナスカなどの都市や遺跡の町を通りチリ国境まで続いている。なお、ハイウェイは地上絵を横切って建設されたため、地上絵の一部が破壊されてしまった。

106 このカトリック北浦和教会との縁で、後に加藤神父が慈善事業を始めると、戸田神父やジアネシン神父は、加藤神父へ支援金を寄付した。またこのころ、浦和教会で助任司祭をしていた岡宏神父との出会いがあった。岡宏神父は、一九五五（昭和三十）年埼玉県所沢市に創立されたカトリック所沢教会で長年司祭を務めた。この縁で、岡神父とは長年の交友があり、所沢教会は三十年間にわたり加藤神父の慈善事業を支援した。特に、二〇〇三（平成十五）年には、所沢教会の信徒であり声楽家の柳原徹男氏とピアノ奏者小林道夫氏が「老人ホーム建設チャリティーコンサート」を開催して、収益金百万円近くを加藤神父に手渡している。加藤神父と上智大学で出会った渡邉浩平氏も、所沢教会の信徒である。また、信徒でペルー人の河野テレサ氏は日本人と結婚し、所沢市近隣のペルー人を取りまとめて、加藤神父を援助した。その活動は加藤神父の帰天後も続けられている。

107 カトリック教会で修道者となる際に行う、清貧、従順、貞潔という「三つの誓願」のうちのひとつ。「従順」とは、神の「み旨（むね）」に従うこと。神の「み旨」は、修道会や在俗会など、特定の使命をもった会を通して示されるので、会の長上の意志に自分の意志を合わせる。

108 片岡哲夫（かたおか てつお）神父は加藤神父がペルーに帰国するまでの間の布教活動を繋いだ（前掲、Tokushima、八十七頁）。

109 加藤神父の帰天後、後任となったマウロ・パジェホ神父によれば、加藤神父は母の遺灰を保管していた。

110 一九六二（昭和三十七）～一九六五（昭和四十）年、ローマ教皇ヨハネ二十三世のもとで開かれ、後を継いだパウロ六世によって遂行されたカトリック教会の公会議。教会の現代化（アジョルナメント）をテーマに多くの議論がなされ、以後の教会の刷新の原動力となるなど、第二バチカン公会議は二十世紀のカトリック教会において最も重要なでき事であり、現代に至るまで大きな影響力をもっている。

111 ローマ教皇庁（**Curia Romana**）は、ローマ教皇を補佐する機関。十一世紀、教会的権力と世俗的支配権を分ける改革により教皇の中央集権体制が確立した。十六世紀以降、聖省、官署、裁判所を三本の柱に改革が行われ、一九一七（大正六）年にカトリック教会法典（**Codex juris canonici**）が公布されると、教皇庁は教皇を補佐する機構として定められた。第二バチカン会議（前脚注参照）の大幅な改組と、一九八八（昭和六十三）年の改革を経て、現在の十省、六官署、三裁判所を基本に事務局を設ける体制が整った。バチカン市国の主権者である教皇の持つ世俗的権限を扱い、バチカン市国の統治と外交などを管轄する。

112 日本財団（旧・日本船舶振興会、英語名はThe Nippon Foundation）。競艇の売上金の一部を財源として、社会福祉・教育・文化、船舶・海洋、海外協力援助などの事業を支援する公益財団法人。一九六二（昭和三十七）年、財団法人日本船舶振興会として設立。二〇一一（平成二十三）年、公益財団法人に移行し「日本財団」が正式名称となった。ペルーの日系人社会と関係は、一九八六（昭和六十一）年にヘスマリア日秘診療所の増築工事で資金援助をしてから始まった。フジモリ政権が発足すると、日系人社会のみならずペルー政府も支援。一九九五（平成七）年頃より加藤神父の事業への支援が計画され、二〇〇〇（平成十二）年の老人ホーム建設の資金援助から支援を開始。二〇一三（平成二十五）年の老人ホーム新館建設でも資金援助を行った。老人ホームは日本財団の援助がなければ実現不可能であった。その後も老人ホームの維持運営に不可欠な日本式の風呂や送迎車両等を寄贈。加藤神父の帰天後も、毎年理事長が現地視察を行い、資金援助を継続している。

113 曽野綾子（その あやこ）。作家。本名・三浦知壽子（みうら ちずこ）。一九三一（昭和六）年九月十七日、東京都葛飾区に生まれる。幼稚園から聖心女子学院に通った。戦時中は金沢に疎開したが、一九四六（昭和二十一）年に東京に戻り聖心女子学院に復学、聖心女子大学を卒業した。一九五一（昭和二十六）年五月、中河与一主宰の同人誌「ラマンチャ」に載った『裾野』が臼井吉見の目にとまり、臼井の紹介でのちの夫・三浦朱門らの第十五次「新思潮」に加わる。山川方夫の紹介で

「三田文学」に書いた『遠来の客たち』が芥川賞候補となり二十三歳で文壇デビュー。一九七二（昭和四十七）～二〇一二（平成二十四）年まで海外邦人宣教者活動援助後援会（ＪＯＭＡＳ、脚注１６５参照）代表を務めた。一九七九（昭和五十四）年、ローマ教皇庁よりバチカン有功十字勲章を受章。一九九五（平成七）～二〇〇五（平成十七）年までは日本財団の会長も務めた。曽野氏はＪＯＭＡＳと日本財団の両方の組織を動かし、加藤神父の事業に絶大な支援を行った。また、アルベルト・フジモリ元大統領と交流を持つようになり、二〇〇〇（平成十二）年の日本亡命時には宿を提供した。二〇〇三（平成十五）年文化功労者となると、二〇〇九（平成二十一）年からは日本郵政社外取締役に就任。二〇一二（平成二十四）年に菊池寛賞を受賞している。

114 ルイス・マルティネス（Luis Martinez Dueñas）。一九三〇（昭和五）年、スペインに生まれ、二〇〇七（平成十九）年三月七日東京にて帰天。一九五三（昭和二十八）年、イエズス会宣教師として、戦後日本でのカトリック布教のため日本へ赴任し、上智大学で教鞭を執った。一九六五（昭和四十）年、日本語の能力を買われてペルーに赴任し、セントロ地区のサン・ペドロ教会に勤めた。

115 サン・ペドロ教会（Iglesia de San Pedro）。リマのセントロ地区にある教会。一六二五（寛永二）年から一六三八（寛永十五）年にかけて、イエズス会がリマのセントロ地区に建てたバロック様式の教会。たびたび大地震に見舞われたが、今も建造当初の外観を保っている。周辺一帯が、一九八八（昭和六十三）年に「リマ歴史地区」の名称で世界文化遺産に登録された。

116 コミテ・サン・フランシスコ（Comité San Francisco）。一九五〇（昭和二十五）年七月に一世のカトリック信者を中心にして設立された団体。

117 筆者の結婚式（一九七九年）も加藤神父の司式だった。結婚前に必ず行われる五回の説教も受けた。カトリックでもない筆者には、四角張った話はひとつもなく、雑談の形で、神父の幼少時代の話や信徒たちへの日常の対応などを語ってくれた。一方で、カトリックでもある妻には結婚後の生き方について相当厳しく説教したようであった。神父に司式をしてもらったことは生涯にわたる誇りである。

118 一九九六（平成八）年十二月十七日午後八時三十分ごろ、トゥパック・アマル革命運動（Movimiento Revolucionario Túpac Amaru）を名乗る十四名の武装集団が在ペルー日本国大使公邸を占拠したテロ事件。当初約七百名が拘束されたが、翌年一月二十六日までに順次解放され、七十二名を残すのみとなった。しかし事件は長期化し、発生から百二十七日後の翌一九九七（平成九）年四月二十二日にペルー政府は「チャビン・デ・ワンタル作戦（La Operación Chavín de Huántar）」とよばれる特殊部隊による救出作戦を決行。人質七十一名を無事救出したが、一名が落命、特殊部隊二名が殉職、武装集団は全員死亡した。事件が発生した日、加藤神父は事件発生直前まで公邸にいたが、早めに退席したため運良く事件に巻き込まれなかった。

119 ファン・フーリオ・ウイッチ・ロッセル（Juan Julio Wicht Rossel）。一九三二（昭和七）年四月十八日ペルーのリベルタ州サラベリー市に生まれ、二〇一〇（平成二十二）年三月十二日リマに没す。バルセロナにて神学を学び、一九六三（昭和三十八）年にイエズス会聖職者として叙階。ハーバード大学にて経済学博士号を修得した後、パシフィコ大学にて教鞭をとった。またペルー国家計画局顧問を務めると同時に、ビルヘン・デ・ファティマ（Virgen de Fátima：ファティマの聖母）教区の聖職者でもあった。一九九六（平成八）年の在ペルー日本国大使公邸人質事件においては、「自分を必要としてくれる人のために神に仕える自分が残るのが勤めである」として解放されるのを最期まで拒否。武装集団はウイッチ神父に「あなたはいつ出て行ってもよい」と言ったことから自らを「自発的人質（Rehen Voluntario）」と呼び、解放後その経験を『Rehen Voluntario: 126 Dias En La Residencia del Embajador del Japon』（著者試訳『自由意思による人質―日本大使公邸での百二十六日間』、Extra Alfaguara、リマ、一九九七年）にまとめた。

120 オキナワ移住地またはコロニア・オキナワ（西: Colonia Okinawa）。ボリビアのサンタルス県にある日本人移民の入植地。太平洋戦争後、リベラルタの沖縄出身の戦前移民者が中心となりボリビアに郷土沖縄から移民を呼び寄せる計画を立て、またこの計画に乗り、米軍に占領された沖縄で社会問題化した過剰人口と土地不足を移民で解消することを画策した琉球政府により、一九五四（昭和二十九）年からこの地に入植が始まった。三年後、土地不足が懸念されたが、一九五八（昭和三十三）年、難航した交渉の末、ボリビア人私有地の購入がまとまり、第二移住地が建設された。一九九九（平成十一）年、第一～三移住地と周辺の集落を統合した行政区としてオキナワ・ウノ（オキナワ村）とすることをボリビア政府が決定し、翌年三移住地と周辺の村落を合わせてワルネス郡オキナワ村（西: Municipio Okinawa Uno）として正式に発足した。

121 一九三七（昭和十二）年、宮崎県宮崎市に創立した宮崎カリタス修道女会（現・イエスのカリタス修道女会）は、一九六四（昭和三十九）年、南米ボリビアに宣教女を派遣した。

122 佐賀県出身の父親と、日系二世の母親（両親は鹿児島県出身）の間に生を受けた、エンマヌエル協会で婦人部長の吉開ノルマ氏によれば、ノルマ氏の父親は根っから神道を信奉していた。家族は朝起きたらまず父親の特別の部屋に設けられた神棚に祈りをして一日を始めた。だが、近所の市場にカトリックの聖人像（セニョールデラカイダ）があり、父親はそこにも毎週花を供えて祈りを捧げていた。ノルマ氏の一番下の妹が難産の時、父親はその聖人像に一心に祈りを捧げた。その祈りの間に無事出産したことを奇跡と考えた父親は、その聖人像への敬慕を深め、事ある毎にその聖人像への信心を深めていったという。おそらく、父親は聖人像に観音像を重ね合わせたのだろう。ノルマ氏の母親は子どもたちに父親が祈っている時には、その部屋には絶対に入ってはいけないと言ったので、それをノルマ氏も守っていたが、父親の他界後、好奇心で神棚の中を覗いてみたら空だった。神道を信じながら、一方で聖人像への敬慕を深めていった父親の心情を不思議に思ったそうである。筆者もその聖人像を見に行った。市場の古いビルの粗末な一室に安置されていた。決して神々しい像ではないが、ひっきりなしに信徒が入れ替わり立ち替わり祈りに来ていた。まるで法善寺の水掛不動や巣鴨のとげぬき地蔵と同じで、ただ線香の煙が漂ってないだけであった。信心深い一世はこの聖人像を拝んでは日本への郷愁を強めたことであろう。

123 与那原（よなばる）修道院。聖マリアの汚れなき御心のフランシスコ姉妹会。所在地は沖縄県島尻郡与那原町。シスター久場とシスター徳田が日本へ戻った後も、定期的に支援金を加藤神父に送り続けた。

124 久場千代（くば ちよ）。一九八六（昭和六十一）年十二月～一九九四（平成六）年十月までの八年間、加藤神父からの要望を受けて与那原修道院より派遣され、ペルーにて沖縄県人に対する宣教の手伝いを行った。シスター久場によれば、その頃一世はすでに子育てを果たし、「心の時」を迎えていて、どの家を訪問しても沖縄から来たシスターたちを心から歓迎してくれたそうだ。日本語や沖縄語で語り合っているうちに「子どもたちともそのように話せたら良いのに」と話す一世が少なくなかったという。だが親孝行な二世の姿にも触れることがあり感動的だった。シスター久場は、一九九四（平成六）年にペルーからブラジルへ渡り南米での宣教活動を続けた（二〇一九年一〇月六日付け、シスター久場からの手紙から）。

125 徳田節子（とくだ せつこ）。一九八九（平成元）年一〇月～二〇〇一（平成一三）年十一月までの十二年間、加藤神父からの要望を受けて与那原修道院より派遣され、一時期はシスター久場とともにペルーにて沖縄県人に対する宣教の手伝いを行った。その後は日本へ帰国。

126 「日本カトリック海外宣教者を支援する会」会報誌『きずな』第二十号、一九八七年。

127 Congregacion del Asilo de Las Hermanitas de Los Ancianos Desamparados（寄る辺ない老人の修道女会養老院、の意）。二〇二〇（令和二）年現在、日系人の入居者は十九名。

128 聖テレサ・ジョルネ・イバルス（Santa Teresa de Jesús Jornet）が一八七三（明治六）年にスペインのバルバストロに創設したHermanitas de los Ancianos Desamparados（寄る辺ない老人の修道女会、の意）。

129 一九八六（昭和六十一）年十月、ベラスコ・アルバラード（Juan Velasco Alvarado）将軍が無血クーデター（Gobierno Revolucionario de las Fuerzas Armadas）を起こし「軍部革命政権」成立を宣言。一九七五（昭和五十）年になると、ベラスコが健康問題のため政務執行が危ぶまれるようになり、無血クーデターの形で当時の首相モラレス・ベルムーデス（Francisco Morales Bermúdez）将軍が政権を引き継いだ。一九八〇（昭和五十五）年まで十二年間におよぶ軍事政権が続いた。

130 アヤクチョ（**Ayacucho**）は、ペルー南部に位置する都市で、アヤクチョ県の県都。アンデス山脈のマンタロ川の上流域、標高二千七百三十一メートルに位置する。古くはワマンガ（**Huamanga**）という地名でプレインカ時代から多様な文化が興亡を重ねてきたが、一五四〇（天文九）年にフランシスコ・ピサロによってスペインの植民が開始した。このスペイン統治からの南アメリカの解放およびペルー独立のため、一八二四（文政七）年この地においてスペイン軍とペルー軍の戦い（アヤクチョの戦い）が起き、ペルー軍が勝利。一九二五（大正十四）年、ペルー軍を率いた「解放者（**El Libertador**）」シモン・ボリーバル（**Simón Bolívar**）は、その際に多くの血（ケチュア語で「アヤ」）が流された角地（ケチュア語で「クチュ」）という意味をもって地名を「アヤクチョ」に変更した。

131 センデロ・ルミノソ（**Sendero Luminoso**）。スペイン語で「輝ける道」の意。一九七〇（昭和四十五）年、元アヤクチョ大学教授のマヌエル・ルベーン・アビマエル・グスマン・レイノーソ（**Manuel Rubén Abimael Guzmán Reynoso**）により結成された左翼ゲリラ組織。毛沢東主義の思想に基づく農民による武装ほう起と闘争により、革命を完成させることを目的とした。政府が手をこまねいている間に全国に攻撃が広まり、政府機関を襲っただけでなく政府に協力する人々も容赦なく殺害した。

132 当銘クララ（とうめ くらら、ペルー名は **Clara Delia Shizuko Tome Shimabukuro**）。一九三三（昭和八）年六月四日、カヤオ市にて日本人の父親・当銘重喜（とうめ じゅき、一八九五年六月十三日生～一九四八年十月十九日没）と母親・島袋カメ（しまぶくろ かめ、一八九九年六月八日生～一九四八年十月三十日没）の間に生まれた。兄が四人、妹が一人の六人兄妹だったが、上の兄三人は幼少時に教育のため日本へ送られ、ペルーには重雄（しげお）、重子（しげこ、クララ）と八重（やえ）が残された。現在（二〇二〇年）存命している妹の八重によれば、クララは芯の強い女性として育ち、初聖体の頃から聖母マリアが夢に現れるようになったという。ウルバノ神父に教えを請い、一九四三（昭和十八）年十一月二十五日に洗礼を受けた。洗礼名は「サロメ（**Salomé de San Ignacio de Loyola**）」。だが、一九四八（昭和二十三）年十月十九日に父、十一日後の十月三十日に母が他界し、子どもたちは寄る辺を失った。カヤオからリマに出た兄妹は、塗炭の苦しみを味わい成人している。クララは信仰の道を歩むことを決意。兄は聖職者になることを反対したが、初志を曲げなかった。一九五五（昭和三十）年八月、プラハの幼きイエズス修道女会で誓願を立てると、五年後には終生の誓願を立ててペルー日系人二世初の修道女となった。モンテリコ高等普通女学校（**Escuela Normal Superior de Mujeres de Monterrico**）卒業後、リマ大学で教育行政を専攻した。リマ市ブレーニャ（**Breña**）でカトリック・アクション運動に加わった時に慈善活動が自分の天命と感じ、特に子どもたちに身を捧げると決めた。プラハの幼きイエズス修道女会の併設学校で教鞭をとり、マグダレーナ・デル・マルのアンヘリカ・レチャルテ学校の校長職もした。また、サン・ホセ養護施設（**Hogar San José**）をカヤオに創立し、サンタ・マリア施設（Internado Santa María）で奉仕した。さらに一九七八（昭和五十三）年サパジャール＝プエンテ・ピエドラ地区に給食施設エンマヌエル（Hogar nutricional Emmanuel）と初等教育エンマヌエル校（Centro de educación Inicial Emmanuel）を創設。その頃に加藤神父に出会い、エンマヌエル養護施設の提案を持ちかけている。日本へ支援金を集めに訪問したこともあったが、日本語ができず加藤神父のようにはうまくいかなかった。また、エンマヌエル支援会のメンバーとの意見の食い違いがあったため、数年ほどで支援会との関わりは絶たれた。一九八九（平成元）年七月、三十五年間の教育者としての功績が認められ、ペルー政府から教育者勲章（La Orden de Palmas Magisteriales）を受章した（前掲、Tokushima、四頁および七一～七二頁）。一九九六（平成八）年には、ペルー最南端タクナ（Tacna）に寄る辺ない母子のための養護施設（Hogar de Madres Adolescentes "Angélica Recharte"）を創設し、帰天する三年前まで奉仕を続けた。病に倒れた後、プラハの幼きイエズス修道女会があるリマ市チョリヨス（Chorrillos）に戻り、二〇一七（平成二十九）年十一月六日に帰天した。埋葬地はリマ市ルリン（Lurín）にある一般墓地（本脚注内容は、シスター当銘の葬儀時の追悼文と妹八重のインタビューよりまとめた）。

133 プラハの幼きイエズス修道女会（Misioneras Parroquiales del Niño Jesús de Praga）は、一九〇六（明治三十九）年、ビンセンテ・ビダル長老（Presbítero Vicente Vidal）とマリア・アンヘリカ・レチャルテ・コラレス修道女（Srta. María Angélica Recharte Corrales）がリマ市チョリヨス区に創設した修道会。

134 丸井ヘラルド（まるい へらるど、ペルー名はGerardo Maruy Takayama）。一九二九（昭和四）年九月二十四日、リマの北沿岸のワウラ（Huaura）に生まれる。父親は広島県豊田郡川源村出身の丸井甚一（まるい じんいち）で、一九〇六（明治三十九）年十一月二十一日、厳島丸に乗船し自由移民としてペルーへ渡航した。配耕地はサンニコラス耕地だった。兄・ニコラス（Nicolás）の影響で野球にのめりこみ、戦後はアマチュア野球の代表選手となった。ペルー体育庁長官（一九八八～九〇年）、二期のペルー日系人会長（一九八九～九〇年と一九九九～二〇〇〇年）、ペルー移民九十周年および一〇〇周年記念行事実行委員長を務めた。ペルー日系人協会理事（二〇一〇年～）、百周年記念病院（La Clínica Centenario）建設委員長としても活躍。さらに、国際協力功労者表彰（一九九〇年）、旭日双光章（一九九三年）、ペルー共和国国会表彰（二〇一二年）を受章したペルー日系社会の重鎮。

135 エンマヌエル協会編『Asociacion Emmanuel』リマ、二〇〇三年、五頁。

136 ペドロ小松谷氏だけがリマ日校の卒業生ではなかった。

137 当時のプエンテ・ピエドラ（Puente Piedra）地区。一九八〇年代当時は各地のスラムからおよそ四千人が集まっていた。現在はレオンシオ・プラド（Leoncio Prado）地区となっている。

138 サパヤル（Zapayal）にあった「繕った心（Corazones Remendados）」修道会が所有していた養老院建設用地だったが、建設計画が進まず放置されていた。

139 フェルナンド・オヘダ（Fernando Ojeda Zañartu）。建築技師。建築会社を経営。エンマヌエル協会の理事では、只一人日本人の血が通っていないペルー人で、日系人以上に加藤神父の事業に尽力したといっても過言ではない。加藤神父の信頼も厚く、施設の設計や施工管理を一手に引き受けた。日系人が矢面に立てない難しい交渉事も、率先して解決に当たった。一九九六〜九八（平成八〜十）年、一九九八〜二〇〇〇（平成十〜平成十二）年の二期にわたりエンマヌエル協会の会長職を十二年間勤めた。この任期は現在でも最長記録。二〇一八（平成三十）年には、エンマヌエル協会への貢献が認められ、日本政府より叙勲を受けた。

140 藤田組の現地法人。現在のDOWAホールディングス。

141 オガール・エンマヌエル（Hogar Enmmanuel）。エンマヌエル支援会が一九八一（昭和五十六）年に設立した養護施設。通称「エンマヌエルホーム」。「オガール」または「エンマヌエル養護施設」とも呼ばれる。本書では後者の呼び方を採用する。

142 また、ペルー大使夫人と南米で勤務した日本大使夫人が年一回大きなバザーを大使館で開く際、その収益金は各国からの要請で送り先がきまるが、ペルーはエンマヌエル協会に送っていた。

143 安井光雄（やすい みつお）。一九二九（昭和四）年、青森県八戸市に生まれる。二十三歳の時に洗礼を受け、東北大学大学院修了後、上智大学神学研究科を修了。ローマへ一年半の留学も果たした。教会や大学で働きながら欧米の大学を転々とした後、一九六六（昭和四十一）年に司祭となる。その後上智大学講師、助教授、法学部教授として教鞭を執った。安井神父は、一九八五（昭和六十）年頃、カトリック信者を中心とした希望者を集め、南米を訪ねるツアーを企画した。そこで加藤神父と出会い、養護施設を訪問して子どもたちとひと時を過ごし、加藤神父の活動に深い感銘を受けた。帰国後、安井神父は加藤神父を支援するため、ツアー参加者を中心に支援者を募り、一九八九（平成元）年「エンマヌエルホーム友の会」を結成（事務局、鈴木松枝氏。所在地は千葉県市川市）。友の会会員のバザーなどによる寄付金集めや、日本各地のカトリック教会や小学校・幼稚園をはじめ多くの人々の協力で、二〇一四（平成二十六）年までの二十六年間におよそ七千万円もの寄付金を加藤神父の事業に届けた。安井神父はまた、一九九〇（平成二）年頃に、新潟県新発田市にあった新発田開発の社長渡辺幸次郎氏を紹介してくれた。加藤神父が「托鉢の旅」で東京まで来ると寄付金を持参して手渡した。エンマヌエルホーム友の会は、会員が高齢になって募金活動が難しくなり、二〇一四（平成二十六）年九月をもって解散した。加藤神父は、その恩に深い敬意を表し、養護施設の会議室に安井神父の額入りの顔写真を掲げていた。一九九二（平成四）年十二月、心不全のため帰天。享年六十三。

144 聖マリア小学校（神奈川県逗子市）、黒崎教会（長崎県長崎市）、カトリック富士教会（静岡県富士市）、カトリック浪打教会・幼稚園（青森県青森市）、カトリック桜町教会（香川県高松市）、聖マルチン病院（香川県坂出市）、カトリック小山教会（栃木県小山市）、日本・ラテンアメリカ婦人協会（東京都昭島市）、帝都典礼株式会社（東京都新宿区）など。上記の団体は加藤神父の遺品の書類の中に記載があったが、これら以外にも、数多くの団体や個人が寄付を送っている。支援者をすべて確認できなかったため、本著では列挙しないこととする。支援者の方々にはその旨了解頂きたい。

145 ビスタ・アレグレ（**3088 Vista Alegre**）小学校。一九八五（昭和六十）年五月十七日に開校。

146 一九八三（昭和五十八）年にエンマヌエルホームが開設された当時は、エンマヌエル支援会が運営にあたっていた。しかし、支援会はまだ正式に登録された団体ではなかった（エンマヌエル協会として正式に登録されたのは一九九三年）。そのため、支援会の名前で登記できなかったので、創設者シスター当銘が所属し、施設の子どもたちの育成を委託されていた「プラハの幼きイエズス修道女会」の名前で登記がなされた。しかし、それは支援会の同意を正式には得ていなかった。「ペルー移住九十周年記念事業」のひとつとしてペルー側（プラハの幼きイエズス修道女会）に贈呈したことになっているが、言い換えれば、登記した時点から施設の所有権はペルー側にあったのである。エンマヌエル支援会はエンマヌエル協会となった後も二〇一四（平成二十六）年頃までエンマヌエルホームへの支援を続けた。

147 前掲、エンマヌエル協会、九頁。

148 クイ（**Cuy**）。テンジクネズミ科クイ属。モルモットの原種。ペルー、コロンビア、ボリビア、アルゼンチン等の南米アンデス高地の岩場に生息し、住民の蛋白源として食されてきた。代表的なペルー料理としてクイの丸焼き「クイ・チャクタード（**cuy chactado**）」がある。

149 「日本カトリック海外宣教者を支援する会」会報誌『きずな』第二十号、一九八七年。

150 福井千鶴著「貧困が招く児童虐待の現状（ペルーにおける児童虐待の現状）」『高崎経済大学論集』第四十九巻第二号、六三～七五頁、二〇〇六年。

151 坂猪ハイメ（**José Jaime Sakaino Komatsudani**）。医師。一九八八（昭和六十三）年にサンマルコス大学を卒業したあと、ドス・デ・マヨ病院に勤務し、一九九〇（平成二）年からエンマヌエル診療所の所長を務める。一九九四（平成六）年から一九九五（平成七）年の間に、横浜労災病院で研修も受けている。二〇一三（平成二十五）年にはエンマヌエル協会の会長を務めた。

152 最盛期には六百名もの医療従事者が診療を支援した。

153 仙台と新発田のロータリークラブが支援した。

154 在ペルー日本国大使館は、一九九二（平成四）年に診療所の拡充と医療器材などを支援し、一九九六（平成八）年には呼吸器疾患と肺結核の医療器材を供与した。一九九八（平成十）年には消化器系診断器材の改良を支援し、二〇〇一（平成十三）年にも医療器材を供与している。エンマヌエル協会の幹部によれば、一九九六（平成八）年六月八日に日本赤軍の吉村和江がペルーで潜伏中に逮捕され国外退去処分となったが、その時十六歳の男子を同伴していた。吉村が留置場に居る間、その男子はエンマヌエルホームで十日ほど預かり、シスターが二十四時の監視をした。このことは新聞報道に出ないように内密に行った。それ以来、大使館とは深くかかわりを持つことになった。エンマヌエル協会が行うクリスマス行事の「チョコラターダ」にも支援だけでなく、関係者が出席してくれるようになった。

155 スペインの医療機関から、ドラム缶一個分の医薬品の無料提供が毎年贈られるようになると、診療所は患者にそれらを無料で支給していた。これは十年以上も続いたが、加藤神父の帰天により中止してしまった。

156 ＪＯＭＡＳ（脚注１６５参照）は、一九八六（昭和六十一）年より加藤神父への支援を開始し、翌年にはマイクロバスを寄贈した（前掲、エンマヌエル協会、二十六頁）。加藤神父が体調を崩して、聖務から身を引くまで、毎週土曜日に老人ホームでミサを行っていたが、毎回ミサの中で曽野綾子氏への感謝の言葉を述べていた。

157 山本遼（やまもと はるか）。一九四四（昭和十九）年一月六日、神奈川県藤沢市に生まれた。フランシスコ会の神父。加藤神父が横浜根岸の小神学校で指導していた時に、そこに在籍していた生徒のひとり。山本氏は高校の夏休み中、勉学が進まないので夏休みが終わったら神学校に残らず家に帰ろうと思っていたが、加藤神父から「勉学のできの良し悪しは人生では全然影響しない」、「できの悪い弟子が立派なキリストの弟子になった」と例をあげ、「大丈夫だから、学校を去ることのないように」と諭した。これが縁でフランシスコ会の修道士を続けた。一九六七（昭和四十二）年三月に着衣し、翌年初誓願。一九七一（昭和四十六）年には荘厳誓願を立て、二年後に叙階した。横浜教区で、伊那、戸塚（原宿）、および聖母の園にて司牧。加藤神父が養護施設を建設する頃に支援を頼むメールが届き、以後は緊密に連絡を取り合うようになった。加藤神父の日本での活動にとって事務局長的な存在だった。加藤神父が一時心臓が五分間停止した時、また葬儀の際には、万難を排して日本から駆け付けた。二〇二〇（令和二）年八月二十四日、瀬田修道院にて右腎臓癌のため帰天された。享年七十六。この場を借りて、心よりご冥福をお祈りしたい。

158 山本遼著「HOGAR EMMANUEL（エンマヌエルホーム）視察報告書」一九九五（平成七）年一月九日〜一九日、カリタス・ジャパン事務局。

159 エンマヌエル協会（Asociación Emmanuel）。現在は諮問評議会、理事会、財務部、養護施設執行委員会、診療所実行委員会、老人ホーム委員会、女性委員会で構成されている。診療所と老人ホームは、加藤神父が帰天した後も、その遺志を引き継ぎ運営に当たっている。

160　一九九五（平成七）年のデータでは、子どもが五十名、ペルー人シスターが施設長となり、ペルー人シスター五名の寮母、心理療法士が一名、ソーシャルワーカーが一名、調理師が二名、動物飼育係が一名、用務員が一名だった。その後一時は子どもの数が百名を超えたが、施設運営の改善により増加が抑えられた。それから十三年後、二〇〇八（平成二十）年のデータでは、子どもが四十五名～五十名（絶えず出入りがあった）、ペルー人シスターを施設長とし、ペルー人シスター三名の寮母、心理カウンセラーが一名、教育係が三名、守衛兼庭師が一名となっている。

161　この頃、数々の支援団体の中でも「東北ペルー協会（宮城ペルー協会）」の活動を特筆しておきたい。ブエノスアイレス大学（アルゼンチン）に留学経験が有り、当時東北学院大学経済学部教授だった上田良光氏は、一九九〇（平成二）年フジモリ政権が誕生すると、「ペルー支援・フジモリ基金」を発足させて、ゼミナールの学生と共にペルー支援の活動を始めた。二千箱以上の段ボール箱に詰めた古着をペルーに贈った。上田氏は後に「宮城ペルー協会」を設立し支援活動を続けていく中で加藤神父と出会った。上田氏は神主でもあり、宗教者同士の交友関係は加藤神父が帰天するまで続いた。上田氏はさまざまな手段で支援金を集めては、加藤神父の事業を援助した。宮城ペルー協会が二〇〇一（平成十三）年に「東北ペルー協会」と名称変更すると、宮城県だけでなく東北で幅広く活動の輪を広げた。加藤神父の事業以外にも野口英世の遺徳にあやかって設立された野口英世学園にも支援を行っている。多くの支援の中で特筆すべきものは、二〇〇一（平成十三）年に養護施設の拡充のための建設資金五万ドルを寄付したことである。この資金は二階建ての建物の半分の建設費に充当された。この建物は子どもの職業訓練用に使用するためのもので、一階はパン製造工場と靴修理工房が設けられ、二階はパソコン教室に充てられた。

162　エンマヌエル協会理事・田畑フロレンティーノ氏のインタビューより。

163　診療所に三階と四階を建て増して、技術専門学校と看護師養成学校を設立する構想は、加藤神父にとっては、地域の若者の技術取得を支援したいという悲願であった。しかし、これまで手掛けた事業の運営などに忙殺されてしまい手がまわらなかった。また、資金を安全に管理できず不正に流出させてしまう不手際があったため、資金的に余裕はなかった。

164　一九九〇（平成二）年施行の改正入管難民法で、日系二世と三世またはその配偶者に定住資格が認められ、日本人移民の多いブラジルやペルーなどから就労目的のため多数日系人が渡日した時期。

165　海外邦人宣教者活動援助後援会（Japan Overseas Missionary Activity Sponsorship）。「ＪＯＭＡＳ」と略記。曽野綾子氏が主宰する聖心女子大学の卒業生を中心としたＮＧＯ組織。加藤神父の手掛けている事業との関わりは、一九八五（昭和六十）年頃、聖心女子大学に本部のある聖心会のシスター平尾道子氏が数年間リマに滞在していた時にエンマヌエルホームの存在を知って、ＪＯＭＡＳを通じて援助することになったことが始まり。以来、毎年加藤神父が始めた慈善活動を支援している。二〇〇三（平成十五）年までの八年間の資金援助の記録によれば、その金額は約二千六百万円にのぼった（前掲、エンマヌエル協会、二十六頁）。

166 ペルー味の素株式会社（AJINOMOTO DEL PERU S.A）は、老人ホームが開設されてから、毎月即席麺や調味料を欠かさず供与していて、施設にとっては有り難い食料になっている。

167 三月か四月に復活祭、五月十三日にポルトガルのファティマのマリア出現の日、六月二十九日にサンペドロ・サンパブロの記念日、八月三十日リマのサンタ・ロサの記念日、十二月二十四日クリスマス等がある。

168 日本の行事は、一月一日の元旦、二月三日の節分、三月三日のひな祭り、五月五日の端午の節句、七月に七夕、九月の敬老、十二月三十一日の大晦日等がある。

169 遠足は、郊外五十〜百キロメートルくらい離れた高齢者向けの観光地にバスで行く。桜が咲く八〜九月の花見は欠かせない行事となっている。多くの車椅子生活者をバスに乗せていくのは大変であるが、介護師の協力で事なきを得ている。

170 ゲートボール大会は盛大なイベントで、リマから多くのチームが参加している。老人ホームでも一チームを編成して参加している。

171 この行事は、以前はエンマヌエルホーム養護施設で行われていたが、養護施設が他の機関に渡ってしまったため老人ホームでも行うようになった。チョコラターダでは、経済的に貧しいリマ、カヤオ、内陸部に住む一万人以上の子どもたちにクリスマスの贈り物を用意している（二〇一九年は約一万五千三百人）。現在は玩具が減り、チョコレート、アベナ（オートミール）、パネトン（ケーキ）、フルーツジュース、牛乳、砂糖などの食料品が入ったパッケージを配布している。十一月中にチョコラターダの寄付を民間企業、団体や個人に募り、クリスマス前の土曜日（午前九時〜午後三時までかかる）に、各機関や団体から人員の協力も得て総勢五十人以上で配布を行う。配布日には、広い敷地の老人ホームを取り囲んで、子どもやその家族が列をなし、その整理をするため警察官（五人ほど）の協力を頼むほどである。現在、ペルー内陸部への直接配布は、聖フランシスコ会ソラノ修道会が担当している。在ペルー日本国大使館、領事館やＪＩＣＡの代表者も駆けつけ、日系社会の連携を発揮する行事となっている（ペルー新報、二〇一九年一二月一八日、第二一四三六号より）。

172 在ペルー日本国大使館同様、診療所に医療機器の贈与を行った。また、養護施設や診療所と老人ホームにボランティアの人員を毎年派遣している。現在、養護施設は閉鎖されたので、診療所と老人ホームだけの派遣となっている。そして、クリスマス時期のチョコラターダの行事にも参加している。

173 マリア・デル・ピラール・ノレス・ボルデロー・デ・ガルシア（María del Pilar Nores Bodereau de García）。

九（昭和二十四）年三月十一日、アルゼンチンのコルドバ市で生まれた。コルドバ国立大学で経済学を専攻後、一九七八（昭和五十三）年に後にペルー大統領となるアラン・ガルシア氏と結婚。四児の母。加藤神父とは親しい間柄にあった。第一期のガルシア大統領時代に労働大臣とその息子がテロリストに殺害されたことがあったが、その労働大臣の夫人が日系二世で、ピラール夫人の秘書をしていた。未亡人は精神的な落ち込みを克服するために、絶えず加藤神父に霊的支援を求めていた。一方で、ピラール夫人はアンデスの山岳地帯の極貧の住民の生活向上のためのボランティア活動を主宰していた。日系二世の労働大臣の未亡人の仲介で、加藤神父はピラール夫人を知ることになった。その後、ピラール夫人は加藤神父の社会事業の応援や、関係行事に出席した。晩年、加藤神父が大腸ガン手術をして、その後は老人ホームで静養していたが、ピラール夫人は五十キロメートルの距離を厭わず、突然見舞に訪れたこともあった。

174 アラン・ガブリエル・ルドウィグ・ガルシア・ペレス（Alan Gabriel Ludwig García Pérez）。一九四九（昭和二十四）年五月二十三日生～二〇一九（平成三十一）年四月十七日没。ペルー大統領を二度（一九八五～一九九〇年と二〇〇六～二〇一一年）歴任。アメリカ革命人民同盟（APRA）第六代書記長（一九八二～一九八五年）、第三代党首（一九八五～二〇一九年）。二〇一四（平成二十六）年に汚職事件への関与が疑われ、二〇一八（平成三十）年に十八か月間の出国禁止命令が裁判所より下った。しかし、逮捕直前だった二〇一九（平成三十一）年四月十七日、拳銃自殺した。

175 日秘劇場（Teatro Peruano Japonés）は、一九九三（平成五）年にリマのヘスス・マリア区にある日秘文化会館（Centro Cultural Peruano Japonés）の施設に併設された劇場。最大で千二十五名が収容でき、五十名のオーケストラが演奏可能なステージがある。日本とペルーの文化交流を促進する施設のひとつ。

176 パチャクテ地区（Ciudad Pachacútec）。エンマヌエルホーム養護施設があったベンタニージャ地区の最北に位置する貧困地区。

177 アルベルト・ケンヤ・フジモリ・イノモト（Alberto Kenya Fujimori Inomoto）。現日本名は片岡謙也（かたおか けんや）。旧姓は藤森。一九三八（昭和十三）年七月二十八日、ペルーの首都リマのミラフローレス区で熊本県出身の父・直一（なおいち）と母・ムツエの間に生まれた。農業工学および数学で修士学位を取得後、政治家の道へ入り、第九十一代大統領となった。在職期間は一九九〇（平成二）年七月～二〇〇〇（平成十二）年十一月。娘ケイコ・フジモリは二〇一一（平成二十三）年および二〇一六（平成二十八）年のペルーの大統領候補で政治家である。一九九〇（平成二）年の大統領選挙中、フジモリ氏は加藤神父を訪れて選挙応援を要請したが、聖職者が選挙に手を染めるのはよしとしないと断られた。一方で、プロテスタント系聖職者と深い関係をつくり政権の中枢に取り込んだ。同じペルー日系人の二世であっても、フジモリ氏は手段を選ばず権力を握る政治家であるが、加藤神父は愛と慈悲の生き方に徹した。その生き方は水と油ほどの違いがあった。

178 ミゲル・イリサル・カンポス（Miguel Irízar Campos）。一九三四（昭和九）年五月七日、スペイン国バスク州ギプスコア県ゴイエリ郡オルマイステギ地区に生まれた。一九五七（昭和三十二）年にローマ・カトリック教会の司祭となり、三年後ペルーへ赴任。一九六一（昭和三十六）～一九六五（昭和四十）年までペルー・カトリカ大学で教鞭をとり、一九六九（昭和四十四）～一九七二（昭和四十七）年まで御受難修道会（La Congregación de la Pasión）の会長を務めた後、同年七月二十五日、教皇パウロ六世によりアマゾン地域のユリマグアス使徒座代理区の伝導司教（Obispo Misionero del Vicariato de Yurimaguas）の役に叙せられ同地で布教することになった。一九八九（平成元）年、教皇ヨハネ・パウロ二世によりカヤオ教区に副司教として転任し、一九九五（平成七）年から六年間は同教区の司教を務めた。ペルー司教会議の事務局長（Secretario General de la Conferencia Episcopal Peruana）として二期、カリタス・ペルー（Cáritas del Perú）の総長、ラテンアメリカ司教評議会（Consejo Episcopal Latinoamericano）教会運動部の部長、そしてローマ教皇庁の旧「開発援助促進評議会（Pontifical Council Cor Unum、援助を必要とする人々に教会として兄弟愛とキリスト教的愛の配慮を示す機関）」の役員も歴任。二〇一五（平成二十七）年に母国スペインに戻り余生を送っていたが、二〇一八（平成三十）年八月十九日に帰天。享年八十四。

179 ファン・アブラン・キロス・ゲエラ（Juan Abraham Quiros Guerra）神父。一九六五（昭和四十）年三月十五日、ペルー北部カハマルカ県サン・フアン区に生まれる。十八歳で中等学校を卒業後、学業継続のためリマに行くが、その年に父親が亡くなりカハマルカに戻る。機械工場で働き母親と五人の兄弟の面倒を見た。一年後、カハマルカのラ・レコレタ（La Recoleta）教会で故ルイス・レバザ・ネイラ（Luis Rebaza Neyra）神父の手厚い加護を受け、一九八〇（昭和五十五）年、サン・ホセ大神学校（Seminario Mayor San José de Cajamarca）へ進学。故ホセ・ダンメルト・ベリド（José Dammert Bellido）司教に多くの手助けを受けた。三年後、リマにあるインターディオセサノ神学校（Seminario Interdiocesano）とISET高等神学研究所（Instituto Superior de Estudios Teológicos）で四年間学んだ。卒業の翌年、カヤオ教区で働き始め、一九九一（平成三）年、故ミゲル・イリサル・カンポス司教（脚注は前掲）の庇護のもと、当時のデュラント・フローレス（Durant Flores）司教により叙階を受ける。その後、カヤオのプラヤ・リマク（Playa Rimac）教区と絶えざる御助けの聖母教会（Parroquia Nuestra Señora del Perpetuo Socorro）で初めて布教活動にあたる。一九九七（平成九）年、イリサル司教の命でアマゾンの港町ユリマグアスのパパプラヤ区にあるサン・ペドロ・イ・サンタ・アナ教区（Parroquia San Pedro y Santa Ana）に転任。二〇〇二（平成十四）年には、イリサル司教の命でリマに戻り、カヤオにあるパチャクテ地区に創設されたファティマの聖母教会（Parroquia Virgen de Fátima）の最初の神父として着任する。ここで加藤神父と出会い、二〇〇七（平成十九）年までエンマヌエル協会を通じ支援を受けた。翌年、本人の希望でユリマグアスに戻り、十年間パパプラヤで布教。その後、二〇一九（平成三十一／令和元）年に新任の司教と共にラグーナの無原罪懐胎教会（Parroquia Inmaculada Concepción de Lagunas）で布教を行う。二〇二〇（令和二）年、ユリマグアスから約七十キロメートル離れたサンタ・ロサ・デ・ヘベロス教会（Parroquia Santa Rosa de Jeberos）に転任して現在に至る。

180 畠山えり子（はたけやま えりこ）。新潟県出身。フリージャーナリスト。ラジオのアナウンサーやテレビキャスターの経験を持つ。現在は映像ジャーナリストとしても活躍している。ペルーへは一九九四（平成六）年頃にテレビ局の取材で訪れ、その際に加藤神父と会った。その後もペルーへの訪問を重ね、加藤神父の慈善事業を支援。二〇〇五（平成十七）年、友人のバイオリニスト牧千恵子氏に呼びかけ、ベンタニージャ地区へ食事支援をする「砂漠の一滴」会を立ち上げた。同会のコーディネーター。

181 牧千恵子（まき ちえこ）。横浜市出身。東京芸術大卒。バイオリニスト。牧氏は一九九九（平成十一）年にペルー日本人移住百周年イベントとしてエンマヌエルホームで行われたコンサートのため二年続けて来秘したことがあり、その際に畠山氏と出会っていた。牧氏はアコーディオン奏者Miyack（本名：渡辺美和子）氏と組み「ドゥ・マルシェ（Deux Marchés）」というユニット名でコンサート活動を続けている。

182 ユリマグアス（Yurimaguas）は、ペルーのアマゾン地域の北東に位置し、ウアジャガ（Huallaga）川とパラナプラ（Paranapura）川が合流する港町。「ウアジャガの真珠（Perla del Huallaga）」と呼ばれ、アルト・アマゾナス郡とユリマグアス郡の郡都で、二〇一七（平成二十九）年の人口は約六万三千人。

183 グスタボ・バルセナス・ロドリゲス（Gustavo Barcenas Rodriguez）神父。一九五六（昭和三十一）年一月二十一日、リマ市スルキーヨ地区で生まれた。ディオセサノ（Diocesano）修道会に属す。一九七〇（昭和四十五）年頃に工科大学で学び、一九八六（昭和六十一）年に神学校に入学した。理論学（teologia）を学び、聖職者となった。一九九〇（平成二）年頃、一年間リマ大学へ通い神学者（seminalista）になるため学んだ。ベネズエラ、チリでの宣教活動を経て、二〇〇六（平成十八）年にファティマの聖母教区に赴任し五年間布教した。現在は、カヤオのサンタ・アナ教区（Parroquia Santa Ana）で布教をしている。

184 現在、エンマヌエル協会がクリスマス行事として行っている「チョコラターダ」では、コレヒオ・フェ・イ・アレグリア校へも贈り物として支援物資が届けられている。

185 冷水義美（ひやみず よしみ）。フランシスコ会の神父。洗礼名はベルナルド。一九二七（昭和二）年新上五島町折島生まれ。一九四六（昭和二十一）年フランシスコ会に入り着衣式を行った。翌年に初誓願、翌々年に荘厳誓願。一九五二（昭和二十七）年、埼玉教区浦和教会で司祭叙階。一九五四（昭和二十九）年ローマ聖アントニオ大学学士課程を修了。一九五七

（昭和三十二）年グロッタフェラタ聖アントニオ大学教育学を修了。その後、聖フランシスコ小神学校の舎監、本原教会助任、同主任、長崎修道院院長、宇都宮修道院付教会主任を務めた。一九八二（昭和五十七）年に佐野教会、一九八七（昭和六十二）年大田原教会、一九九九（平成十一）年に長崎修道院、聖フランシスコ病院のチャプレンとなる。二〇一五（平成二十七）年八月二十三日に胃がんのため八十八歳で帰天。本原教会にて葬儀が行われた（『カトリック教報』第一〇三二号、二〇一五年一〇月一日発行、四頁）。長崎に原爆が投下された一九四五（昭和二十）年八月九日、当時十八歳で長崎市浦上のフランシスコ会小神学校生だった冷水氏は、爆心地から三キロの地点で被爆した。幸いに外傷はなかったが下痢と発疹を発症し、聖フランシスコ病院へ駆け込み秋月辰一郎医師の治療を受けている。加藤神父との出会いは定かでないが、加藤神父の姪フアナが糖尿病を患い医療費が緊急に必要な折に精力的に協力した。

186 Clínica Centenario Peruano Japonesa。

187 サルバドール・ピニェロ・ガルシア・カルデロン（Salvador José Miguel Piñeiro García-Calderón）大司教。二〇一一（平成二十三）年よりアヤクチョ大司教区を管轄する。

188 マウロ・パジェホ（Mauro Alberto Vallejo）神父。加藤神父の後任となったダビ神父の後を継いだ神父。

寄稿　加藤神父の思い出

尾形武寿《たけじゅ》氏
（日本財団　理事長）

宮城県石巻市出身。一九六八（昭和四十三）年（社）日本船用機械輸出振興会に入会、一九八〇（昭和五十五）年（財）日本船舶振興会（現・日本財団）に入会、一九九七（平成九）年同会理事に就任、二〇〇五（平成十七）年同会理事長に就任して現在に至る。

加藤神父様はいつも温和でしたが、意志が強く、自分より他人のことを、特に地元の方々のために生涯を捧げた方でした。いつも強い行動力を持っていらっしゃいました。

上田良光《よしみつ》氏
（東北ペルー協会　会長）

福島県耶麻郡出身の宮司。早稲田大学商学部、大学院商学研究科を修了、岡山商科大の助教授を経て、東北学院大学経済学部教授となる。アルゼンチン留学を契機に、ラテンアメリカと関係を持つようになり、特にペルーとの関係を深め、「宮城ペルー協会」や「東北ペルー協会」を設立して、ペルーへの支援を行う。ペルーには四十回以上も訪問しているほどのペルー通である。特に加藤神父の事業への支援には、神父もおおいに勇気づけられた。

加藤神父様、長い間お疲れ様でした。神父様が残されたご功績はペルーで、日本で、また海外でお世話になった方々の心に深く刻まれ、残されていくものと思います。

二〇一七（平成二十九）年一月、神父様が亡くなられたことをお聞きし、葬儀に参列させていただくべきところでしたが、「脊柱管狭窄症」の手術を二回し、歩行もままならず、海外にはとても出かけられる状況にはありませんでした。

小生の「ペルー支援」のきっかけは、アルゼンチン留学中にペルーへ訪問し、フジモリ元大統領の姉フアナさんを紹介され、「古着の送付」を依頼されたことでした。その後、「学校建設資金の援助」も依頼され、「チャリティーコンサート」等で集めた資金をペルーに届けているうち、神父様から「エンマヌエルホームの運営も大変です」と説明されました。それからはペルー訪問の度に神父様にお会いし、寄付をさせていただきました。また「職業訓練校」はスペインの財団との共同で建設させていただきました。

しかし、神父様には「東北ペルー協会」が行ってきた援助以上の親切、もてなし等をしていただいたと思っております。滞在中、「何か用事はありませんか」と電話でお尋ねいただき、大使館、JICA、JETRO、旅行社等々の用件のあるところに連れて行ってくださいました。

また、ワラルの福田牧場には、神父様も多分、都会の喧騒から逃れたいというお気持ちとも相まって、何度も連れて行っていただきましたが、ご高齢の福田のおばあちゃんと広々とした緑に囲まれた庭園でゆっくり話をさせていただいたことは懐かしい思い出です。

「日本大使公邸人質事件」は世界的にも注目されましたが、ペルー特殊部隊隊長のバレル大佐は、不幸にも、人質救出作戦中ヒメネス中佐および最高裁判事と共に殉職しました。その大佐の娘バレリアちゃんが「心臓が悪いので、アメリカでの手術が必要」との報道が日本でなされ、小生の勤務していた大学の同窓会も寄付金を送っていましたので、「できれば、バレリアちゃんに会って、その後の様子を確認して欲しい」と依頼されました。神父様にお願いしましたところ、亡きバレル大佐宅を探して案内していただきました。ご家族は大変喜ばれ、その後も神父様とペルーを訪れる度に訪問させていただき、残された奥様は神父様を頼りにいろいろな相談もされていました。

また、神父様は毎年訪日され、ご高齢になっても「エンマヌエルホーム」や「診療所建設」のため、また近年は「老人ホーム建設の募金活動」をされていらっしゃいました。十月末頃から年末にかけて滞在され、主に教会を中心にまわって説教をして募金を集められました。その外、ペルーで神父様のお世話になった多くの人たちが来日を待っておられ、一年間貯めておいた募金をお渡ししているという話を日本の各地でお聞きしました。いかに多くの人たちとの交流をお持ちだったのかと神父様の温かいお人柄が偲ばれます。

小生など、神父様に空港の送り迎えを何度していただいたか数えきれないほどで、今にして思えば、おそれ多いことであったと恐縮の至りです。わが「東北ペルー協会」が十二月に開催する「クリスマスパーティー」には必ず駆けつけていただき、協会メンバーも神父様にお会いできることを心待ちにしておりました。

二〇一八（平成三十）年三月二十一日には、東京六本木教会にて神父様の「追悼ミサ」が行われ、各地から多くの友人・知人が参列され、神父様を偲ぶ荘厳なミサになりました。小生も親しくしていただいた友人のひとりとして紹介していただきました。外国でも「追悼ミサ」が行われる故人は非常に少なく、いかに慕われていたかを感じさせられました。

神父様は謙虚な方で、小生がお聞きしただけでも、ベルギー、カナダ、日本に留学して勉強され、ラテン語はもとより、伊語、仏語、英語等も習得され、深い知識をお持ちだったことがうかがわれましたが、全く地位や名誉等を望むような方ではありませんでした。多くの神父の方々の中でも高潔かつ温かいお心をお持ちの稀有な方だったと今さらながら思わされます。

神父様は多くの人々に温かい御心をお伝えくださいました。その種は、各地に、また多く人々に受け継がれていくと信じております。言葉では言い尽くせないほどの御親切をありがとうございました。

渡邉浩平氏（カトリック所沢教会　信徒）

上智大学で学んでいた渡邉氏は、同じ大学に聴講生として在籍していた加藤神父と偶然に知り合い、神父の日本語教師のような存在となった。そして生涯の友となった。神父が日本に行くと必ず渡邉家を訪れ、家族全員との再会を喜び、旅の疲れを癒やしていた。

加藤神父様（プーシャン）がそちらに行かれてからもう二年以上経っています。寂しいことです。でも毎晩寝る前にプーシャンのことを思いだすので、今でもずっと一緒にいるように感じます。

ここに、四半世紀前、一九九四（平成六）年四月に神父様からいただいた一枚の手紙があります。お疲れになった神父様が修道院の事務室で、私どもの家族の写真を眺めながら私たちの新婚時代から子どもたちのこと、私どもが住んでいた宝塚、上北沢、所沢などでの楽しかった思い出に心を休め、渡邉ファミリーの写真集を作ろうと書かれています。

そうそう、私どもがニューヨークに駐在していた時も我が家にお泊まりになりニューヨーク日本人学校の運動会にお連れしたところ、ご自分の子ども時代を思い出し懐かしんでおられました。

私の家族の集合写真には最近までプーシャンが真ん中に写っています。私の子どもも孫も皆神父様から洗礼を授けていただき、プーシャンを父か祖父のように最も身近な家族の一員と思いこんでいます。長男の結婚式にははるばるペルーからお出でいただき、式を挙げていただきました。感謝で一杯です。

神父様は来日後、忘れかけていた日本語を取り戻すため聴講生として上智大学にしばらくお出でになりました。その時にお知り合いになって以来六十年を超えて兄弟以上の親しいお付き合いをさせていただきました。神父様は日本語がお分かりでしたが、長らくカナダのモントリオールで神学を勉強され、修道院でも日常フランス語で生活されていたため、日本語から離れ少し不慣れでした。

プーシャンは若くて格好良く、度々女子修道会から黙想会の指導を頼まれました。フランス語から書き起こされる難解な黙想会でのお話やお説教を、だれにでも理解できる分かり易い日本語に修正するお手伝いをしたのが私でした。時にはフランス語からくる文章がどうしても理解できずお互いの共通語である英語で嚙み砕いて意味をくみ上げるということもありました。このことは私にとっても大変勉強になりましたし、同時に、神父様は私という良き日本語の先生に恵まれたのです。

日本語の例えを教えた中で、「朱に交われば赤くなる」と逆の意味を持つ「麻の中の蓬は自ら直す」という諺を教えたところ、すかさず「浩平さんが朱で私が麻ですね」と返されてギャフンでした。プーシャンが理想の日本人家族として愛読していた漫画サザエさん。二〇一〇（平成二十二）年夏、世田谷文学館で開催された「みんなのサザエさん展」にはちょうど来日中のプーシャンを家族でお連れしました。

　プーシャン、そちらでも猛スピードで運転されていますか。最初に神父様の暴走運転を経験したのはまだ関越道が開通していない頃の軽井沢行きでした。何度「危ないっ」と思ったことでしょう。その後日本では私か家内の安全運転でしたが、ペルーにうかがった時、五十年ぶりにリマで神父様のスピード運転を味わいました。あの時には神父様が立ち上げられた立派な事業を目のあたりに見て感動し、プーシャンの銅像が病院（診療所）に飾られているのを見て二度びっくりしました。神父様のご遺志を皆さんでつないでいかれることを祈ります。

　神父様とはよく旅行しました。学生時代には北海道周遊、その後京都や奈良にもご一緒しました。長女が小さい時、小山教会の主任司祭をしておられ、今はない小山遊園地に菊人形を見に行きました。プーシャンは貧乏学生であった私が困っている時には、いつも助け船を出してくださいました。

　私の家族がそろって明るく健全に育ったのもプーシャンの溢れるような愛があったからです。ありがとうございました。これからも我々家族を見守ってくださるようお願い致します。

　プーシャンの弟　渡邉浩平より

野口忠行《ただゆき》氏
（画家）

　野口画伯は一九三八（昭和十三）年福岡県大川市で出生し、武蔵野美術大学を卒業した。アンデス山中のインディオの生活に画材を求めてペルーに行くようになり、加藤神父と知り合った。その後四十年間近く交友関係を続けた。絵画展を開いて得た収益金を、神父の社会事業に寄付。神父没後もその活動は続いている。

　アンデス山中に長期滞在した際、当時大統領だったアルベルト・フジモリ氏に会い、「野口さん、この国を立て直すには、日本の戦後と一緒で教育ですよ」と言われたことに触発され、アンデス山中の村に二校の学校を寄贈した。

　また、加藤神父の仲介でアラン・ガルシア氏が大統領だった時代、ピラール大統領夫人を紹介され、彼女が主導しているアンデス山中に暮らす極貧住民の生活向上のための活動「センブランド（Sembrando、種を蒔こう）」に協力して、学校建設資金として二万二千ドルを寄贈した。

（センブランドは、二〇一七年までにアンデス高地の約九万二千世帯、約五十万人に、改良型調理用コンロとトイレ、家庭果樹園の設置を支援。その結果、屋内での火を使った調理による煙により有害気管支肺系の疾患問題が改善し、五歳未満の子どもの身長体重比も向上した。この成果を受けて、ペルー政府は全国に煙を出さないクリーンな調理用コンロ設置する運動を始めた。）

三十七年間の加藤神父さんとの思い出

一九八一（昭和五十六）年四月、私たち家族四人は日本より遠い国南米ペルーへと旅立ちました。アンデスに住むインカ文明の末裔である農民を求めて彼らを描きたいとの画家の強い欲求だけの無謀な計画性のない旅立ちでした。リマ市での当初は生活習慣の全く異なる生活で驚くことが多く、日本人としては予測できないハプニングの連続でした。

そんなある日、加藤神父さんから一本の電話があり、ノートルダム清心女子大学名誉教授長澤俊三さんがペルーに来ていて、私の作品に関心が強く、良ければ作品を見せて欲しいとの連絡でした。翌日さっそく二人に私の常宿していたミラフローレスのペンションへ来ていただき、作品を見ながら歓談しました。あのひと時が神父さんとゆっくり話ができた最初だったと思います。

一年間のペルー滞在予定のため、アンデス山中に取材に出かけ興奮して取材してはリマに戻り、制作に明け暮れる充実した毎日でした。

リマでは機会あるごとに日系社会を中心とした多くの人々を紹介していただき、日秘文化会館内のレストラン「なかち」で食事を共に語らい、特に神父さんは「親子丼」が好物だったことを懐かしく思い出します。

長身で大柄な体躯の外見と聖職であることからくる神父さんの最初のイメージは近づき難いものでした。その後お会いする回数が増すごとに内面的な精神的な広さ深さ優しさに接し、俗気の固まりのような私は心が洗われ、会うこと語ることの嬉しさに浸ったものです。

いつも神父さん自らの運転で迎えに来ていただく中で、神父さんの高齢を心配する人たちに運転をやめることを勧められるが「私は運転が大好きで運転している時は人格が変わります。これは私のストレス解消でもあります」と苦笑されていたのも神父さんの人間味を感じたものです。

車上ではリマ市内を運転中、幼い頃この辺はまだ田畑が多く友達と来ては、畑の果物を盗んで追われたことなどいつも懐かしく楽しそうに何度も語られたことも良き思い出です。

日系移民の苦難の歴史も良く話されました。神父さんの話の中で、人に対する悪口は一度も聞いたことがありませんでした。政治家や権力者に対する怒りはよく聞かされましたが、もの静かな怒りであり、そのことが逆に私の胸に響くものがありました。

多忙な中、リマ市内から五十キロメートル離れたベンタニージャ地区でのボランティア活動は、エンマヌエル協会設立と共に偉大な事業で、老体に鞭打っての働きは過酷なるものでした。

テロで両親を失った子どもたちの養護施設、貧しい地区のための診療所設立、日系人のための老人ホーム設立など、これらの事業を維持するための資金づくりが最大の課題であったようです。そのための支援金カンパで毎年日本を訪れての全国行脚が続き、相当の気力と体力が必要だったと思われます。

養護施設の設立に際しては、何故日系人をいじめたペルー人のためにそこまでやる必要があるのかとの問いに、ペルー人はすべてが悪いのではなく「悪を悪で返してはいけない、悪を善で返すべきで、まして子どもたちには何の責任もありません」と返され、その言葉は今でも私の心の中に強く残っています。

次に、診療所の設立では、二百人以上の患者さんが毎日やって来ますが、診療代や薬代が払える人はほとんどいないため無料での奉仕です。行政からの援助は全くないとのことです。老人ホームは八十歳から九十歳以上の日系二世が入居されていますが、家族からの仕送りがいつの間にか途絶える人が半数近くいるのが現状と聞きました。

「日系人社会の今日を築いた、そしてペルーでの地位も築いた日系二世の人々を、たとえ送金が途絶えても決してホームから追い出すことのないように」との神父さんの遺言が守られていることは胸が熱くなります。

体力の衰えで日本訪問は無理になると、資金づくりがより厳しいものであったようです。私もこれまでに絵の売り上げの一部や友人、知人の協力での支援金を神父さんに届け喜んでいただきました。二〇一六（平成二十八）年、神父さん支援で集まった五千ドルを届けた時の喜びと感謝の礼状が私に届いたのが最後の便りになりました。私にとって大切な便りとして手元に残してあります。お礼の言葉と慈悲に満ちた文面は神父さんの温かい人柄に在りし日が偲ばれます。

最後に、エンマヌエル協会の存続を願うばかりの今の心境です。

田畑《たばた》フロレンティーノ氏
（エンマヌエル協会　理事）

田畑氏は、加藤神父がエンマヌエルホームの第一期工事を完成させた頃から神父との交友関係を持つようになった。その後は現在に至るまで、神父の社会事業では「縁の下の力持ち」のような存在で、神父が一番心の許せる友人として頼りにしてきた。決して表に出ることを好まず、いよいよ組織が危機に瀕した時には、人に担がれ自分のプライドを捨てて、短期間のみ組織の長に甘んじたが、危機を解決するとすぐ身を引いていた。地位には無関心だが、神父への協力は、神父亡き後の今でも先頭に立って行っている。

加藤神父様はペルー・リマで生まれ、日系人社会で最初のカトリック神父になられました。日本に十五年間滞在した後、我々の日系人社会で布教活動を行うためにペルーに戻られました。

私が一九九八（平成十）年にエンマヌエル協会の理事に就任した時、ペルーで貧困にあえいでいる人々を心配して援助の手を差しのべたいという神父様の聖職者としての使命の崇高さを身近で感じました。質素で優しい方でしたが、貧しい人たちを幸せにする事業を完成させるために、頑固なほど強い性格も持たれていました。

一九八一（昭和五十六）年、神父様の友人たち、特にリマ日校の卒業生の協力によりエンマヌエル支援会を設立されました。テロにより見捨てられ、孤児になった子どもたちが多くいることを目の当たりにして、「プラハの幼きイエズス修道女会」のシスター当銘クララさんの協力のもと、経済的、政治的や社会的な多くの困難を克服して、愛情、教育やその他の面で子どもを守る収容施設の第一段階の建物をベンタニージャ地区に完成させました。その後の最盛期には、百人近くの子どもを収容するまでに至りました。

年月が経つと、エンマヌエルホームの近くには多くの住民が暮らすようになり、健康管理のことが問題になったので、ホームの一角に住民のための診察科目を備えた診療所を開設しました。ところが、周辺住民が希望するだけの診察科目を増やすことができなかったので、神父様は、エンマヌエル診療所の第二段階として違う場所にもっと大きな規模の診療所の建設を計画されました。

一方で、ホームの子どもたちは成長し、教育面では小学校だけでなく中学校を卒業する者もでてきました。「若者の将来はどうなるのでしょうか、生活の道が開かれるのでしょうか?」と質問され、そのことがホームの若者たちが手に職を付けることのできる技術学校の創設を検討する動機となりましたが、残念ながら、技術学校建設のフィジビリティスタディで、実習場所と機械設備等のために膨大な資金が必要なことが判明して、計画は取りやめとなりました。

何年か後に、神父様は日系人社会においても当たり前の現象である老齢化が進んでいることを憂慮されて、お年寄りが人生の終わりを静かで心安らかに送れるような宿泊施設の建設を思いつかれました。この考えは「老人ホーム」建設の原点となりました。神父様にとっては、三番目の大きな事業であり、宮崎カリタス会がその運営を引き受けてくれたおかげで、二〇〇一（平成十三）年完成に至りました。

この稿を脱するにあたりお伝えしたいことは、加藤マヌエル神父様の傍で働くことができ、私にとり非常に貴重な人生経験をさせてもらったことです。私の生き方を変えてしまうほど人生で大切なことを教えてくださいました。

それは、「人間は自分自身のことだけを考えて利己的に生きるべきではない。連帯感、同胞愛や隣人愛という人類の奥深さと感性を研ぎ澄まして観察してみると、ペルーや世界には、精神的な助けや、健康問題、教育や経済上での援助を必要としている人が多くいる」ということです。

二〇一四（平成二十六）年に秋篠宮殿下ご夫妻が老人ホームを訪問された時に、同行した一人の新聞記者が神父様に「趣味は何ですか」と質問したところ、神父様は短く強い調子で、「ペルーの貧しい人たちのために働くことです」と答えられたことが私の脳裏に強く焼き付いています。

田畑・内野・フロレンティーノ　拝

吉開《よしかい》ノルマ氏
（エンマヌエル協会　婦人部長）

父親は佐賀県出身、母親は両親が鹿児島県出身の日系二世。父親は神道信仰を通したが、母親は敬虔なカトリック信者であった。彼女は母親以上にカトリックに帰依し、加藤神父から信頼を寄せられていた。幸い経済的に恵まれ、神父から支援の要請があれば、どんなことであっても協力を惜しまなかった。神父の手がけた事業を支援するボランティア活動では、いつも日系人の婦人連中の先頭にたって行動していて、神父亡き後もその行動力は衰えを見せない。

私が加藤神父様と最初に出会ったのは、確か七歳の時でした。家族が非常に懇意にしていたサン・アントニオ・デ・パドゥア教会のある神父さんが亡くなられた時であったかと思います。家族で教会に行くと、加藤神父様が自分は子どもが大好きであると言って私たちのところへ来られ、その時に修道服を身にまとった日系人の神父様を初めて見ました。その時のことが強く私の印象に残っています。

その後何年か経って再び加藤神父様にお会いしました。その時は私も結婚していて、神父様は長年日本で生活された後だったと思います。その後、私の子どもたちの洗礼などで教会に行くと、神父様はいつも親しく接してくださいました。

神父様がペルーに戻られた理由を多くの人は理解できなかったのではないかと思います。神父様は日系人社会にカトリック信仰が深く浸透していくと期待していましたが、実際の大部分の日系人は、教会に行っても洗礼や聖体拝領などのカトリックの儀式を形式的に受けるだけで、信心深く真摯に受けとめなかったからです。

神父様は私たちにどんなことでも教えようと意気込んでおられましたが、残念なことに、多くの日系人たちは、自分たちが望むように指導してくれないなどと疎むようになっていました。私たちは神父様の厳格な指導を理解できるようになるには時間がかかりました。厳格な宗教的な儀式（説教）にも徐々に慣れ、神父様の宗教的な教えは尊いものだと尊敬の念を抱くようになりました。

神父様の日々の生活は非常に質素なもので、いつも貧しい人たちに愛を差しのべることを第一に考えておられました。神父様のご友人の方々の協力でエンマヌエル支援会が設立され、ペルー、日本、スペインやその他の国に住む多くの知人や友人の方々からの寄付で、身寄りのない子どもたちや、困窮家庭の子どもたちのためにエンマヌエルホームが建設されました。

その後、エンマヌエルホームの隣にエンマヌエル診療所が建設され、経済的に非常に困窮していた地区の住民に健康面での支援を行うようになりました。最後に、日系人のお年寄りのために老人ホームが建設されました。

養護施設では、子どもたちや若者たちに何か手に職を付けさせるため、靴屋のための道具類を用意したり、施設内に畑を作って野菜栽培を習得させようとしたり、また小さな家畜飼育場を作ったりしました。それとは別に、レストラン、パン屋、ケーキ屋、鶏の丸焼き専門店やコンピューター教室等も作られました。

加藤神父様は疲れを知らない労働者のようでもあり、病気になった人がいれば、いつでもその家まで赴き、聖体拝領を行ったり、勇気づけてあげたりしていました。時には長途の旅から戻って非常に疲れていたにもかかわらず、だれかが重病であるのを聞きつけると、すぐにその人のところに駆けつけて、聖体拝領と終油の秘跡をしてあげていました。

神父様は、車を運転するのがこの上なく好きで、ほとんどリマじゅうをまわられていたようで、リマ市内の道路地図が頭の中に入っていて、目的地にできるだけ早く着くために交通渋滞を避ける方法も熟知されていたようでした。一方で、時には安全運転をおろそかにすることもありましたが。

フランシスコ会の生き方を実践するためか、神父様は車を長年使用してボロボロになっても新しい車に替えようとはされませんでした。また高齢になられたので、エンマヌエル協会の理事会で運転手をつけることを決めましたが、神父様はその決定に耳を貸さず、運転手には助手として乗るように命じて、相変わらずご自分で運転されていました。

その他で思い出すのは、神父様を昼食に招待した時、いつもロサリオを持っていて、ちょっとでも時間があればお祈りを捧げたいと言っておられたことです。

多くの人が驚嘆したことですが、神父様の信仰の深さがわかる話があります。神父様は心臓と胃が悪かったために何度も手術をされましたが、いつも「神様が守っていてくださる」と痛みに耐えられていました。その姿に接した時、信仰の深さを垣間見ることができました。

神父様はよく徳について説教をされました。そして「ノルマ、あなたはエセンシア（神）については、よく考えるべきで、他人を批判する資格はない」と諭されました。神父も人間であり、間違いも犯すものなのだから、求めるべきは神であると。神が第一であり、神のことを考えて行動すべきで、他人のことを気にかけて行動すれば間違うことがよくあると説教してくれました。

神父様は、オユキト（ペルー独特の根菜料理）、牛足や豚足の料理、ペルー風コロッケなどのペルー料理を非常に好まれていました。それらの味は、お母さんが存命中に教えてくれた命の価値と根源を思い出させてくれると言っておられました。

加藤神父様はペルーでの最初の日系人神父であられ、日系人社会が抱える多くの困難の克服のためにリーダーとして奮闘されていました。フランシスコ会の修道者としての勉学のためにカナダに留学され、スペイン語以外にも英語、フランス語、日本語、ラテン語、ドイツ語やイタリア語などにも造詣がありました。

加藤神父様はリマでは唯一、二か国語（スペイン語と日本語）でミサを行うことができる方でした。それはおそらく日系人社会により近づくために思いつかれたのかもしれません。また、品行、慈愛、責任感や連帯感の見本のような方でした。

正直申しまして、神父様のさまざまな忠告や生きざまを思い出す度、その偉大さに打ちひしがれる思いであります。

中上（旧姓・林）麻里子氏
（JICA青年海外協力隊　平成十九年四次隊　青少年活動）

神奈川県茅ケ崎市出身。学生時代に国際協力に関心を持ったことから、社会人五年目にJICAの青年海外協力隊に応募。二〇〇八（平成二十）年三月より二年間、エンマヌエルホームに住み込みでボランティア活動に従事し、二〜十九歳の少年少女六十名ほどと苦楽を共にした。

二〇〇七（平成十九）年八月。JICAから、「青年海外協力隊」の合格通知を受け取りました。

赴任国はペルー。派遣先には、リマ郊外にある「エンマヌエル養護施設（エンマヌエルホーム）」と記されていました。中南米で子どもたちと関わるボランティア活動がしたいという、私の希望通りの配属先でした。

テロ活動等により治安が悪かったペルーでは、一九九一（平成三）年以来、長期の青年海外協力隊派遣が中止されていましたが、二〇〇八（平成二十）年の春から再開されることになりました。ご縁があってその第一号として派遣されることが決まった私は、現地で活動する先輩隊員からの情報が得られない不安と、念願の協力隊の試験に合格した喜びとで、複雑な心境だったことを覚えています。

不安を抱えつつも「ペルーに行ってくる！」と言い張る当時二十七歳だった私のことを、母は（いろいろな意味で）心配し、何とかして日本に留まらせようと考えていたようでした。長年、日本語教師として活躍していた母は、たくさんの日系ペルー人の生徒さんがいました。娘のペルー行きを断念させるため、生徒さんたちに相談を試みました。

私のことを可愛がってくれていた彼らは、予想通り「マリコがペルーのリマに？　危ないからやめた方がいい」と口々に反対しはじめたそうですが、「ところでリマのどこで何をするの？」と質問してくれた人がいたそうです。

母は、「エンマヌエルホームという所で子どもたちのお世話をするみたい」と説明するやいなや、「おぉー、パドレ加藤のところね！　Muy bien（非常に良い）！　パドレ加藤は素晴らしい方で安心だからマリコを行かせて大丈夫！」という展開になりました。「パドレ加藤」というキーワードのお陰で皆さんの表情がパッと変わり、「マリコをペルーに行かせなさい！　パドレ加藤によろしく伝えて！」と、一気にペルー行きを進められる羽目になったようです。

ペルーの治安が悪かった時代に日本に出稼ぎに来た日系人の彼らにとって、ペルーに住んでいる人々以上に「ペルーのリマは危険」という印象を持っていたはずでしたが、「パドレ加藤」のお名前が出ただけで「大丈夫！」と言い切れる神父様の存在を知り、いったいどんな方なのだろう…と、不思議な気持ちでペルーに渡りました。

二〇〇八（平成二十）年四月。長野県駒ケ根市での三か月にわたるJICA派遣前訓練、そしてリマ中心地での三週間のスペイン語研修を経て、いよいよ活動先であるエンマヌエルホームへ赴任する日を迎えました。緑に囲まれた都会的なリマ中心部での三週間は快適そのもので、オシャレな街に語学留学に来たかのような錯覚に陥るほどでした。

しかし、エンマヌエル協会の施設である老人ホームや診療所のあるベンタニージャ地区、そして児童養護施設のあるプエンテ・ピエドラ地区は全くの別世界。一面の砂漠の中には屋根もないような貧しい家がぎっしりと立ち並び、舗装されたばかりの道路はところどころ砂で埋もれていました。

これから二年間、この茶色い砂漠の世界に住むのだという覚悟と、自分の生まれ育った環境とこうも異なる場所で暮らす子どもたちと触れ合うことはなかなか辛い体験になるだろうという不安からか、ふいに流れてきた涙を砂埃のせいにするしかありませんでした。

そんな中、施設ではパドレ加藤が温かい笑顔と、力強い握手で私を迎えてくださいました。

「麻里子さん。こんな遠い所まで、本当に、本当によく来てくれましたね。家族と一緒に暮らせないここの子どもたちに、日本人ならではの誠実さや勤勉さを教えてあげてください。人に嘘をつかないこと、一生懸命努力して働くこと、そういったことの大切さは、この環境ではなかなか身に付きません。麻里子さんから、少しでも彼らに伝えてあげてください」

初めてお会いした時だけでなく、その後も何度もそう繰り返しお話をされていたためか、私がホームの子どもたちと接する時のひとつの指針となっていたように思います。

パドレ加藤は、テロ活動で親を亡くした子どもたちに生活の場を与え、職業訓練を経て自立を促すことを目的としてエンマヌエルホームを設立されました。私が赴任した二〇〇八（平成二十）年にはテロ活動の影響ではなく、家庭環境に問題がある（貧困、アルコール依存、家庭内暴力等）ために施設を紹介されてきた子が大半だったと記憶しています。

一般的に、「児童養護施設で暮らす＝可哀想」というイメージを持たれる方が多いかもしれません。実を言うと私自身、どこかでそういう印象を持っていました。しかし、ホームで子どもたちと一緒に暮らし始めてから、少しずつ考えが変わりました。それぞれに苦しい過去や将来への不安を抱えていながらも、恵まれた環境で暮らしているということがわかったためです。施設の外で貧しい生活を強いられている子たちよりもずっと幸せではないかと感じました。

不自由なく暮らしていると言うと想像し難いことかもしれませんが、朝昼晩の食事、自分専用のベッド、学校に行く時間、宿題をする時間、友達と遊ぶ時間が十分に与えられない子どもたちが、この地球上にはたくさんいるのです。

事実、エンマヌエルホームの近隣には貧しい家庭が多く、年下の弟妹の面倒を見るために学校に行けない子や、二歳半を過ぎても栄養失調で歩くこともままならず、「レーチェ（ミルク）」ではなく「アグア（水）」という言葉しか知らなかった子もいた程です。

このホームでは、生活に必要なものはしっかりと与えられ、時に口うるさいほど世話を焼いてくれるスタッフが家族のように一緒に暮らしています。貧富の差の激しいペルーにおいては貴重な環境だったのです。

また、こういった生活環境を整えるだけでなく、彼らの将来のことを考えて職業訓練の施設を作られたパドレ加藤の愛情の深さに、大変感銘を受けました。特に貧しい地区では、学校を卒業するまで何とか生き延びることはできても、安定した収入を得られない人がほとんどです。

専門的な知識や能力のない男性はバスの集金係になる、女性は首都の富裕層宅に通って家政婦として働くケースが多い印象でしたが、パドレ加藤は、子どもたちに何かしらの技能を身に付けさせ、少しでも安定した生活を送れるようにと願っていたのです。

施設を創るまでの苦労話は何度かうかがう機会がありましたが、ペルーという国で、これだけの事業を成し遂げるのは骨の折れることだったに違いありません。恵まれない子どもたちを、心の底から「何とかしたい」という強い想いがなければ、到底実現できなかったことだと感じています。

整った環境を与えられているのが、パドレ加藤の愛情や人望のお陰だということは、施設で暮らしていた子どもたちもよく理解していました。二年間生活を共にした彼らは愛くるしい笑顔で甘えてくるだけでなく、思春期ならではの難しさで困らされたり、幼少期の愛情不足からか素直に接することができなかったりと、信頼関係を築くことさえ時間を要する子たちもいました。

ただ、ふとした会話の中の「Gracias a Padre Kato（パドレ加藤のお陰で）」という言葉や、パドレ加藤が施設に顔を出されると「Padre Kato viene! Vamos!（パドレ加藤が来たよ！　会いに行こう！）」と、だれもが部屋を駆け出してパティオ（中庭）に向かう姿は微笑ましいものでした。砂漠の貧困街で暮らすより、ずっとずっと広い視野を持てた子もいたはずです。

二〇一〇（平成二十二）年三月。二年間の任期が過ぎ、日本に帰る日が来ました。

赴任当初、パドレ加藤が私に期待されたことを、どこまで成しえたかはわかりません。

思うように活動を進めることができず、悩み苦しんだ時期もありました。ただ、私は子どもたちに対して常に誠実に接することを心がけ、自分のチャレンジする姿を見せ続けることで勤勉であることの大切さを伝えたつもりです。その結果として、年齢・国籍・宗教・言葉を超えた信頼関係と愛情を育み、子どもたち一人ひとりとの深い絆が得られたのだと自負しています。

ボランティア活動に従事することを「偉いね」「立派だね」と評されることが多々ありますが、私はこのホームで過ごした二年間で、たくさんのことを学ばせてもらいました。活動を進めるにあたっての試行錯誤や子どもたちとの関係づくりを経ての学びはもちろんですが、こういったチャンスに巡り合えたのはパドレ加藤のお陰であり、この感謝の気持ちは書き尽くせません。

協力隊派遣から戻った私は、ボランティア休業を取得していた企業に復職しました。そこで南米ビジネスを担当することになり、幸せなことに、毎年、仕事でペルーを訪ねる機会に恵まれました。

私がサンミゲル地区のペンションに泊まっていることをご存知のパドレ加藤は、「麻里子さん、明日は土曜日、お仕事はお休みでしょう？　十時にペンションまで迎えに行きますから、一緒にエンマヌエルホームに行きましょう！　子どもたちに顔を見せてあげましょうね、いいですね！」とお電話をくださって、私が返事をする暇もなく切ってしまうのです。この強引さがとてもパドレ加藤らしく、私のお気に入りのエピソードです。電話を切られてポカンとしていた自分を思い出すと、今でもしみじみと温かい気持ちにさせられます。

お年を召されても大好きな車を（かなりのスピードで！）運転されるやんちゃな一面があり、ニコニコと満面の笑顔でみんなを元気にしてくれるパドレ加藤。今でも、ホームの子どもたち（もう立派な大人です）と連絡を取り合う時には、自然とパドレの話題が出てきます。みんなに愛された、みんなのパドレ加藤だったことを、その度に感じさせられています。

一年程前に娘を出産したこともあり、私は以前のように気軽にペルーに行くことは難しくなりました。次にエンマヌエルホームの可愛い妹・弟たちに再会できる日がいつになるのかはわかりませんが、遠い日本から彼らの成長と成功を願う気持ちに変わりはありません。

きっとパドレ加藤も、ペルーの青空の上から、彼らのことをずっとずっと見守り続けてくれていることと思います。あの子たちが、この先の長い人生の中で、生き方に迷いふと立ち止まる時、エンマヌエルホームで過ごした日々を心の拠り所とし、パドレ加藤の教えに導かれることを願ってやみません。

みんなの家族。私たちのパドレ加藤。

ナンシー・コルドバ・デ・石原氏
（加藤神父の元秘書）

ペルー人であるが、貧しかった幼少の頃から日系人の友人がおり、日系人社会とつながりを持つことになった。加藤神父を通じて日系人社会の連帯感や美徳を知り、家族全員が日系人に信頼を寄せ、母親はフジモリ氏が逮捕された時には涙を流したほどだった。現在、彼女は日系人と結婚して、日系人社会にさらに深く関わっている。

私が加藤神父様とルイス・マルティネス神父様を知ったのは十一歳か十二歳の時でした。二軒隣に私と一緒の小学校に通っていた二人の日系人姉妹がいて、その家族は加藤神父様から食料品などの生活必需品の援助を受けていました。その家には、加藤神父様と一緒にその当時の中央日本人会長の平川ビクトル医師も訪ねてきたりしていて、私も加藤神父様と顔を合わせることがありました。

ある日、友人が加藤神父様に私の住所を教え、加藤神父様と平川医師が私の家を訪ねたいと言われたので、有頂天になって母にそのことを伝えました。二人は家まで来てくれて、加藤神父様が私の家にも日系人の友達の家と同じように援助の手を差しのべてくれました。このことは、私や母、そして兄弟にとって神のご加護に浴した思いでした。

十五歳になって商業中学校に通っていた時、サン・ペドロ教会で加藤神父様に事務の手伝いをしてくれないかと打診されました。同じことをサン・アントニオ・デ・パドゥア教会でも言われました。このように神父様から声をかけていただいたことは嬉しかったです。授業のない日は加藤神父様の傍で働きました。

私が秘書として働き始めた時には、加藤神父様とルイス・マルティネス神父様が辞書の編纂を行っていました。夜遅くまで作業をしていて、そこら中に原稿が撒き散らされているのを整理することになり、その作業が夜中までかかることも度々ありましたが、その時には神父様がタクシー代を渡してくれました。

二千部の辞書が完成し、価格は二十ドルに設定されました。その当時としては高価な辞書で、これをどのように売り捌くかですが、神父様は日系人の住所録を独自に作成していたので、それを基に辞書を届けるよう命じられました。

その辞書を受け取った日系人は、後日その代金を教会まで届けにきましたが、ほとんどの人が二十ドル以上を置いていきました。五十ドルを置いていった人もいました。

私の仕事は、日本からの移住者とその子孫の家族調書の作成と整理でした。つまり、各家族の家系図の作成です。加藤神父様が各家庭をまわって家族構成を聞き出し、それを私が記録するのです。結婚の経緯、学歴、子どもの数、職業、宗教、健康状態や経済状態など、多岐にわたっていました。

それらの調書はすべてイエズス会のサン・ペドロ教会の事務所に保管されました。一方、洗礼記録書や結婚記録書は、フランシスコ会のサン・アントニオ・デ・パドゥア教会に保管されました。なぜなら、加藤神父様はフランシスコ会の神父様なので、宗派に関する書類はこの教会での管理が必要であったのでしょう。

加藤神父様とルイス・マルティネス神父様は、二人三脚で日系人への布教と支援を精力的に取り組んでいらっしゃいましたので、日々お互いの教会を往復していました。

その当時は、日系人も経済的には恵まれていて、多くの寄付が加藤神父様に寄せられました。例えば家電販売店のミンサ、マルイ百貨店や雑貨店などの経営者から現金の寄付がありました。私が寄付金の集金係で、寄付をしてくれる人に電話して、お金をもらいに行くか、教会まで持ってくるように頼みました。時には事務所で家電製品や食料品を受け取ることがあり、教会の倉庫がそれらの品物で満杯になることもありました。

平川ビクトル氏と丸井ヘラルド氏は大口の寄贈者で、二人の神父様と非常に懇意でした。その他にも多くの日系人が寄付をしてくれました。

加藤神父様とルイス・マルティネス神父様にどうして多くの人が寄付をしてくれるのか聞いたところ、寄付する人は寛大な心の持ち主で、慈悲深く、貴重な種を蒔いて、その後神のご加護という収穫を享受することになるからと言われて、子ども心に感動した記憶があります。

その他に、タイプライターを使っての事務の仕事がありました。加藤神父様とルイス・マルティネス神父様に面会を申し込む人の個人や家族のデータや相談事項を記録していました。

それ以外に特記したいことは、加藤神父様が私をある隠世女子修道院で行われた黙想会に連れて行ってくれた時のことです。中学生や大学生の若者を二十五人から三十人くらい引き連れて、リマ中心部から東に二十キロメートルくらい離れたワチパというところにある女子修道院に泊まり込みで、カトリックの精神的教育を受けました。神父様が講義を行ったり、聖書を研究したり、讃美歌を歌ったり、神を讃えたりするのです。修道女と共に生活して、清貧で従順な生活態度に接することができました。

その修道院は人里から離れていて規模も大きく、三十人から三十五人くらいの修道女がいました。若者たちは、修道女の空き部屋に一週間から長い時には十五日間くらい宿泊しました。少しばかりの参加費を払いましたが、それらは食費にあてられました。私は二年間に何度かそこに行く機会があり、そこでは加藤神父様の雑用係をしました。

加藤神父様の指導は、神と自分が一体であることを自覚させることでした。私が忘れられないことは、夜に修道院のまわりで松明を灯し、巡礼の旅のように巡回したことです。聖書の一節を賛美して口ずさみながら加藤神父様が先頭に立って行進するのです。ルイス・マルティネス神父様が代行することもありました。

本当に素晴らしい経験でした。若者が心を清く保ち規律正しい生活を送れるように、神父様が宣教者として献身的に指導しているのを見て感激しました。この黙想会に参加した学生たちは、いくつもの高校や大学から選ばれた若者で、楽器を演奏することもありました。若者たちにとっては幸せのひと時であったことでしょう。

私もこの黙想会に参加して、隠世修道院の修道女の生活に感銘を受けて、ここの修道女になりたくなり、加藤神父様にそのことを伝えたら、母親の許しを得る必要があると言われました。母にそのことを打ち明けたところ、母子家庭を支えていくうえで、私を頼りにしているので、思いとどまるように諭されて、結局諦めざるを得ませんでした。今になって思えば、十六歳でまだ世間をよく知らない無知な考えでもありました。

その他で記したいのは、加藤神父様とルイス・マルティネス神父様が違った性格を持っていたことです。それは非常に興味深いことでした。

ルイス・マルティネス神父様はカリスマ的ですが、腰が低く、微笑みながら話をしてくれるので、日系人はどちらかと言うと、ルイス・マルティネス神父様に近づくことを望んでいました。一方、加藤神父様は時間厳守、厳格さや責任感をいつも日系人に指導していました。

例えば、結婚を控えたカップルが教会で式を挙げるためには、神父様の五回の説教を受けなければなりません。その中で、結婚後の無責任さを強く戒めていらっしゃいました。「結婚生活がうまくいかなくなれば、それは子どもや孫に大きな影響を与えることになる。そのことをよくわきまえて結婚するように」と。それ以外にも多くのことをエネルギッシュに諭していました。

神父様の傍に仕えた人たちはいつも張り詰めた雰囲気を感じていました。私も責任感のある人間にならなければと、自分に言い聞かせました。

教会では、日系人は最初に加藤神父様と面接し、厳しい説教をされて打ちひしがれますが、ルイス・マルティネス神父様が温かく癒やしてくれるので、元気を取り戻して教会を去る姿を何度も目にしました。日系人を二人でうまく指導している姿は頼もしいものでした。

神父様が、私に親以上の愛情を注いでくれて、また日系人の文化が理解できる精神を植え付けてくださいました。日系人と打ち解けて生活している今の自分を思うと、加藤神父様との出会いはかけがえのない宝です。

加藤カロラ氏
（加藤神父の姪）

加藤神父の兄の長女であり、日本に在住して三十年近くになる。ペルーに移住した加藤家の中で存命しているのは、彼女以外に数名しかいない。そのことを危惧して、神父亡き後、彼女が加藤家の当主として家を取り仕切る覚悟でいる。

私は加藤神父の姪です。父は加藤忠夫フアン・マヌエルで加藤神父の兄にあたり、母は平田カタリーナといいます。五人の兄弟と従兄弟がいましたが、現在三人のみ存命です。

実際、小さい時は叔父と生活した記憶があまりありませんでした。おそらくその当時叔父は外国に度々旅行していたのか、それとも外国に長く住んでいたためでしょう。よくカナダに、その後は日本にも行っていたようでした。また他の国にも行っていたようです。

私が学校に通っていた時には、叔父はサン・アントニオ・デ・パドゥア教会で名前の知れた神父でした。叔父は私の父が年上であることからいつも敬っていたことを思い出します。特に二人で話している時はそうでありました。でも、二人で話をする機会はそれほどありませんでした。父は非常に変わっていて、寡黙で人と話をしたがらない性格の人でした。

中学校を終えた頃から叔父と会うことが多くなりました。叔父から自由時間ができた時は、教会の事務所で秘書として手伝って欲しいと頼まれたのです。

その時、もう私はある専門学校に通っていましたので、弟が私の代わりに叔父を助け、時間があれば私も手伝っていました。叔父はものすごく厳格な人で、怖かった記憶があります。その当時は何故そのように厳しくするのか理解できませんでした。

今になってわかってきたことは、大人になって責任感のある強い人間となり、どんな境遇でも自分で前に向かって生きていけるように躾けようとしていたようです。発育段階の子どもはこのような厳しい躾は理解できないのですが、年をとって二人の息子の母親となってみると、子どもの教育ではそのようなことが必要であることがよくわかります。

血縁の五人の甥や姪の中では、自分だけが叔父に近づけたのではないかと思います。叔父と二人で私の叔母の家によく行きました。

私の人生で多くの人と出会いましたが、私の苗字を聞いて、加藤神父の世話になったほとんどの人に、「どうして私が約束の時間に遅れて来るのか」と、「神父さんだったら怒ってしまうよ」とよく言われました。

そんなことで、恥ずかしく思うこともありました。ある時、いっそのこと名字を変えてしまいたいと叔父に冗談で言ったこともありました。自分が加藤神父の姪だから、多くの人が特別な目で見るのです。

ある時、何故そんなに叔父が怒るのかを聞いたことがありました。第一は約束したことを遵守する気持ちがないこと。第二には、相手が来て欲しい時間に行けば、ちゃんと予定をこなすこともできるが、遅れて行くとそれらがすべて台無しになること。確かに叔父の言うことがもっともであります。日本に長く住んでみると、約束の時間厳守は生活するうえで大切だと自覚するようになりました。

叔父は私たちの家族のピクニックや家族的な集まりにも顔を出してくれ、また結婚式の司式もしてくれました。もちろん家族の葬儀も執り行ってくれました。その後、家族のほとんどが、時間を厳守するようになりました。もし遅れれば、以前同様に叔父は怒り、例外を認めてくれませんでした。

叔父は他人よりも甥や姪には非常に厳しくあたっていました。ある時、私が理由を聞くと、「甥や姪には自分の血が流れているので、自分には大きな責任がある」と答えてくれました。

私が結婚する前に、叔父に結婚式の司式をしてくれるように頼みに行きましたが、叔父は「この結婚には責任が持てない」とはっきり言いました。その言い方は厳しく強い口調でした。「司式をする気がないので、他の神父に頼めばいいではないか」と言われました。

このことは私にとって、頭を鈍器で殴られたほどの衝撃でした。取りすがるすべもなく、ルイス・マルティネス神父様にお願いにいくしかありませんでした。マルティネス神父様は叔父のことを多く語ってくださいました。「加藤神父とは懇意な仲で、自分が歳上だが、加藤神父をさておいて頭越しには引き受けられない」と言われました。そのことも理解でき、その時は将来結婚できればよいとぐらいに考えを変えました。

月日が経ち、結局教会での挙式はできず、役所に届けただけの結婚となりました。このことで、叔父とは少し疎遠になり、その後何年間か連絡をとることもありませんでした。

しかし、私が一度日本からリマに戻った折に、叔父のところへ挨拶に行き、少しずつ叔父と姪という関係が戻ってきました。ですが、その後は連絡が取れなくなり、度々日本に来ていても会うことがありませんでした。

ところが、機会が訪れて叔父と日本で会うことができました。非常に嬉しかったことを記憶しています。その時にはもう二人の息子も生まれていて、運良く息子たちを会わせることができました。

その当時、私も地区の教会に行っていましたので、叔父をその教会の主任司祭に紹介しました。その後何年か経って、その主任司祭が、私たちが教会で結婚式を挙げられるように協力すると約束をしたことを、叔父に語ってくれました。

このことは私にとって非常に嬉しいことでした。マルティネス神父様にお願いしたことが、何年も経ってやっと実現の運びとなったのです。マルティネス神父様も私たちが教会で結婚式を挙げることを願っておられたのです。

ところが、それから月日が経過して不幸が巡ってきました。世の中は思うように行かないもので、叔父に相談して離婚を決断することになりました。多くの年月が経過して、ようやく叔父に言われた理由がわかってきました。私の離婚について忠告してくれたのは、叔父が最後の病気になる数か月前のことでした。

今日に至るまで、加藤神父の姪であることを認めてくれた神様に感謝しています。

叔父が他界したことには非常に心が痛みました。特に最後を迎える時に叔父の傍にいてあげられなかったことは残念でなりません。叔父を尊敬していた人たちや慈悲深い人たちが、最後の瞬間まで叔父の傍で見守っていてくれたと聞きました。愛を与えた叔父が、愛のお返しを受けた神々しい最後であったことでしょう。

叔父のお陰で、多くの人たちと知り合うことができ感謝しています。臨終に血縁者は誰も立ち会えませんでしたが、この機会をいただき、叔父を支援・協力してくださった方々に深く、深くお礼申し上げます。

私の叔父を愛してやみません！

付録　語録

加藤神父とのインタビューで書き留めた口述、手紙などの記述を記載する。加藤神父の人となりを知っていただければ幸いである。なお、本書の内容に関係する宛先名についてのみ記載する。

【加藤神父の口述】

＊父のすぐ下の妹（叔母・るえ）が、ある日仏壇から何か取り出してきて、私に我々の先祖は宮本武蔵だと言ったことがありました。私は日本に着いたばかりで、叔母とは親しみがなかったので、笑えなかったのですが、宮本武蔵はどんなに有名な侍であっても、子孫は百姓に落ちぶれてしまったと心の中で思いました。

【一九九六（平成八）年】

＊二十年計画でスタートいたしましたエンマヌエルホームの建設は、この十年近く、日本の皆様の惜しみない協力援助により十年以内で完成しました。そして今このホームが何時までも運営し続けるための自活の道に関する大方の計画、つまり、医療センター、若者たちのための黙想の家とカフェテリアが完成しました。でもご存知のようにこのホームがある所はまだ非常に貧しいので目的達成のためにはまだ時間がかかると思います。でも運営上赤字でないだけでも感謝しなければと思います。

＊大事なクリスマスの献金の一部をホームに送ってくださったことを、厚く感謝申し上げます。このような素晴らしい献身的な献金が来る度に、正直に申し上げますと、私の肩の荷がおります。エンマヌエルホームの五十人の子どもたちと十五人の従業員に対する経済的責任のほとんどが、私の肩にかかっているからです。

＊正直言って、エンマヌエルホームは、私にとって、この世で最後で最も大事な事業となるのではないかと思います。そして、今年の身体の調子で、自分の限界をつくづく感じました。この意味で、後四、五年しか働けないだろうと言いました。でも、神様がお力を与えてくださるまで頑張り、引退するつもりは毛頭ありません。

【一九九七（平成九）年】

＊今、ペルーの大きな問題は日本大使公邸の人質問題です。不名誉なでき事ですが、この事件でペルー人が心をひとつにして人質の速やかな解放のために、ペル

ーのいたるところで毎日祈っていることをテレビや新聞で見受けますが、これは未だかって見たことのない光景です。このような連帯意識がもっと貧しい人たちに向けられたらと思う今日この頃です。

＊七十一人の人質は無事解放されましたが、後遺症はまだ残っています。特にテロリストが日本大使公邸を占拠する口実とした国民の貧しさと特に貧富の差の酷さはまだ残っています。それを解決しない限りテロの脅しは続くだろうと思います、そのためにも、地味ですが、私たち日系人の一部で構成しているエンマヌエル協会のメンバーは、リマの北西の砂漠地帯で行っております社会事業を通じて、自分たちの力で許される範囲の協力をしています。焼け石に水と言われますが、何もしないよりはましだと考えて頑張っています。

【一九九八（平成十）年】

＊この二年間に五人の子どもたちが中学校を卒業して、目下隣の診療所で半日仕事をしながら、それぞれの分野での勉強をして実社会に入っていける準備をしています。また、二歳から三歳児を十二人ばかり預かっています。やんちゃな子どもたちですが本当に可愛いです。

【二〇〇一（平成十三）年】

＊四十六年前に、初めて日本に参りました時、日本は終戦十年目で国民は苦しい時を過ごしていました。今、それを思い出しながら同じ状況に置かれているペルー人たち、少なくともこの地区の人々の苦しみを少しでも和らげたらと頑張っています。

【二〇〇五（平成十七）年】

＊特に私のように国外で日本的に育てられた者には、日本人の慈悲、憐れみとかをもって自分を忘れて他者を助けようという美徳を持っていると強く感じます。西洋人は逆に冷静と言えばそうかも知りませんが、ややもしますと冷たく自分が所有している物を守ろうとするため、他者を眼中に置かないように感じます。

実は私の両親が理想に燃えて新天地に向かった時、そこの風土も風俗習慣も言葉も調べないで行き、そこで私たちが生まれましたが、正直言って私たちを含めて両親は苦しい中で生活を送ったのを記憶しています。ただ、苦しい中でも両親は良識をもって食べ物だけは私たちに豊富に与えてくださいました。ですから貧しくてもひもじいということを体験しませんでした。むしろ母はそのような中でも困っている人を助けていました。このようなことが、今の私の生きることと仕事の原動力になっている気がします。

＊昨年の十二月六日にお御堂にて子どもたちにお話することができて本当に嬉しかったです。私のつたない日本語でも気持ちよく聞いてくださったことを感謝しております。

特にあの時、お話をしている間に子どもたちの表情をよく見ていて、日本の子どもたちとペルーの子どもたちの違いがあんなに大きいかと感じさせられました。つまり、親たちを含めてまわりの人たちに見守られて生活し、必要な物がすべてあって何の不自由なしに生きていれば（またそれが自然だと思いますが）、あのように子どもらしさを保つことができるのだと思いました。

逆にペルーの子どもたちは親を含めて大人に虐待されながら生きるための土台である食べ物にも事欠きながら生活していると、寂しさが自然に顔にまで現れてしまうのだとつくづく感じました。貧しい国と豊かな国をこのように短い期間に回っておりますと自然と神様がいろいろと体験させてくださっている気がします。

【二〇〇六（平成十八）年】

＊エンマヌエルホームは、一九八三（昭和五十八）年四月三日に定礎式を行い、九月十八日に落成式を行いました。この事業を始めて、一年くらいからペルーの経済が悪化の一途をたどっていましたので、苦労して覚えた語学を生かして、カナダ、北米、スペインと日本へ良き協力者を頼って、私の「托鉢の旅」を始めました。

＊人間の成長期に危機が起こるように、私たちの最初の事業であるエンマヌエルホームにも、ひとつ危機が訪れました。この問題に気がついたのは、我々日系二世は一世の両親に育てられた結果、日本的な義理人情を重んじて生活しているのでありますが、ペルー人は、とにかく、権利を主張する国民であるような気がします。

＊このような情況の中で社会事業をしております私たちも、ただ国外に頼らず自分たちでも何かしなければとチャリティーコンサート等一生懸命でやっても、私が日本において二か月間で集める十分の一にも達しません。それだけペルーの経済事情が良くないことの現れでしょう。でも団結心や協力心は培われます。

【二〇〇七（平成十九）年】

＊自然界は、私たちのお手本だと思いますが、植物を潤すための雨「悲しみの象徴」と太陽「喜びと幸せの

象徴」が必要であるように、私たちの人生と事業にも、このようなものが必要であることを痛切に感じさせられ、もっと謙虚に、また特に、天の力に頼って歩んで行くように決心しております。

＊司祭になってからいつしか次のように考えるようになりました。健康を維持するために身体の良い部分が頑張って悪い部分と戦わねば死に至るように、社会の健全な部分が弱いまた特に悪い社会の者と戦わねば、その社会は悪に染まり、その中にいるすべての人は苦しみます。まさにペルーの社会は、残念ながらこのような状態にあります。しかも金持ちはエゴイスティックに自分のことしか考えず、むしろ貧しい人たちを非難しています。私たちがこの地区でやっていることは焼け石に水かもしれませんが、何もしないよりましだと思って頑張っています。

【二〇〇八（平成二十）年】

＊九月十八日にエンマヌエルホーム創立二十五周年を迎えますが、思えば当時はリマの日系人は経済的に恵まれていましたが、戦前、ペルーでは排日の運動が激しく、暴動もあって、その被害をもろに受けた方々も、まだ存在していましたので、当初経済援助を求めようとしましたら、激しく反対されたことが記憶に残っています。

＊カナダとスペインの良き協力者はエンマヌエルホームの維持のため、十年間、毎月必要な経済援助を惜しみなく送ってくださったのも思い出しております。この援助が途絶えたのは、両国でこの事業を支えてくださった二人の恩人が帰天されたからです。

＊一人の人間は宇宙より重いと言われますし、すべての事業の結果は、神様のものだとも聞いております。正直申して、これが私のひとつの大きな慰めです！

＊正直に申し上げますと、修道者として、また一神父としてやるべきことをやっただけではないかと個人的に考えています。また母から小さい時に「任されたこと、始めたことは最後まで全うしなさい」と言われたことを実現しているだけだと考えています。

＊この二十五年間、ホームで生活した子どもは少なくとも千人はいたでしょう。でも親に苛められ、大人の悪い影響を受けてからホームで数年間まじめに送ったのは良いが、また以前の世間での今度は大人として生きている彼らを見ていると、残念ながら、親と同じ生活を送っている者が多いのです。二、三十人は家庭を設けていろいろな分野で正直に生活を送っています。

【二〇〇九（平成二十一）年】

＊十二月三日、リマの日本大使公邸で日本政府からの勲章の伝達式が行われました。エンマヌエル協会の皆様と、特に日本の皆様の惜しみないご協力があっての叙勲だろうと、私は思います。感謝を込めてお知らせします。

【二〇一〇（平成二十二）年】

＊今年の三月で八十五歳の秋を迎えますので、元気ですが年齢のためだと思いますが、よく疲れますので、ここ数日は御ミサの前後は休んでおりましたのでご返事が遅れた理由です。

子どものホームのための寛大な援助金をいただきましたこと、エンマヌエル協会の幹部に代わって心からお礼申し上げます。このような援助金で私たちの事業は支えられています。正直に申し上げますと、ここ数年、ペルーの経済はそう悪くありません。でも汚職が頻繁に起こっておりますが、神父の立場としてそれをじっと傍で見ている他はありません。

と言いますのは、それを説教台から指摘でもしたら、逆に攻撃の的になるだけです。

自己中心に行動している人が多くて、私たちが行っております社会事業にはあまり関心がありません。ですから皆様のご協力がいかに大事であるかお分かりかと思います。

＊この事業を始めまして今年で二十八年になりますので、リマでも特に日系人たちそして今ではペルー人たちの間でも徐々にですが、良き協力者が現れています。我々移民の子どもたちも小さい頃、貧しい体験をしておりましたので、このような地区で人々が人間以下の生活を送っていますとじっとしておられません。

＊この度は、思いがけない大変な目にあっていますが、聖書でヨブが言っていますように、良いものを神様の恵みとして受け入れるならば、悪いものも神様の恵みとして受け入れるべきではないかと思います。去年の十月四日、フランシスコ会の創立者の日に、気分が急に悪くなりましたので、（たまたま十年前に心臓の手術を受けていましたので、ちょっと気になりました）心臓科専門で私の心臓を十五年前から診てくださっていますので、彼に電話しましたら、すぐ来て下さり相談したら、自分の車で日系人の百周年病院に連れて行ってくださいました。そこで、その晩心臓発作が起きて、五分間停止したようです。

＊もともと、日本人は仏教のいろいろな宗派からなっ

ているものですので、当初は出稼ぎとしてペルーに来た日本人たちは、あまり宗教には関心がなく、初めの頃はスペイン語しか話せないイエズス会の司祭たちが布教していました。それから一九三四（昭和九）年と一九三六（昭和十一）年に日本語が話せるカナダ人のフランシスコ会の二人の神父さんがいらっしゃって、日系人の中で布教したおかげで、多くの一世や二世の方々が信者になりました。今三世はほとんど信者です。二世の三分の二はカトリックです。

＊私の家族のために、いろいろとご心配下さり、金銭的な援助まで本当にありがとうございました。糖尿病の怖いのは、その後の後遺症です。近く目の手術もしなければならないそうです。その後は腎臓透析もしなければならないかもしれません。すべて神様にお任せいたしております。

＊日系一世のカトリック信者はほとんど帰天し、元気でおられる方々は指で数えるくらいです。ですから、リマのカトリック教会では、日本語で司牧ができるのは私の時代で終わるのではないかと思います。そして、リマの司祭は私を含め十人ですが、日本語を話せるのは私だけです。

【二〇一一（平成二十三）年】

＊ペルーでは今、貧しい生活を強いられている人々が一千万人つまり人口の三分の一です。ちょうど今、大統領選挙中ですが、十人の立候補者がそろって、当選したらこの問題を解決すると口約束していますが、いざ大統領になったらすっかり忘れ、自分の懐のためと自分が属する政党のために力をいれて、このような貧しい人たちのためには何もしないです。おまけに教会がそれを指摘しますと攻撃的に出てきます。ですから、地味にできる範囲内でこの人たちのために働くことしかありません。そして、上から下まで公務員と政治家の間に汚職が頻繁に行われています。ですから社会事業には見向きもしません。

＊リマでも、この悲惨な情報（東日本大震災）が入ってから一週間後にカトリック教会主催で知人の司教様、私ともう一人の日系人神父で、この大地震と津波で亡くなった方々の冥福と被災者のための御ミサが私の教会で捧げられました。ファーストレディ、日賀田大使夫妻、ペルー日系人協会の幹部全員、と日系人が千人以上の方々が参加致しました。また義援金も多くの方々が集めています。そして、日本大使館を通じて、日本の赤十字に送っております。とにかく、リマの日系人社会はこの悲惨なでき事が起こってからいろいろな方法で今、日本で苦しんでおられる方々のために祈

り、他の方法で地味ですが協力しております。

＊（東日本大震災後の）復興で思い出しますのは、昭和三十（一九五五）年に初めて日本の地を踏みました時の事です。その時、終戦後十年目でしたが、どこを見ても爆撃された跡は何も見受けられませんでした。ただ、貧しかっただけでした。その時の私の心に残っているひとつの印象は、だれもそのような状況の中で、何の文句も言わずに、黙々と働いていた事です。その結果、十四年後、日本で行われたオリンピック大会を機に、日本は発展の一途をたどって、世界第二の経済大国になりました。ある新聞に、東日本も十年で再建されるだろうと書いてありましたが、私もこれを信じております。

＊カナダ管区の時代の院長と現院長の了解で、私の病弱の姪を助けるために、冷水神父さんから送ってくださっている御ミサのインテンシオネスのお金は、そのために使わせてもらっております。この姪は三週間前にまた入院し、十日前から腎臓透析を受けております。そしてここ二、三日の間に、左足が糖尿病で化膿してしまったので、切断されることになっています。このような事で、いろいろと金銭的な心配がありました。今日、冷水神父さんが送ってくださったお金で一時本当に助かります。姪に代わって、心から感謝申し上げます。このように悩んでいる姪と私をどうぞよろしく。

（冷水義美神父宛）

＊エンマヌエルホーム、マヌエル加藤神父診療所、老人ホームの三つの事業は、三十年間の皆様ひとりひとりの惜しみない協力援助がなければ完成しなかったと思います。この場をかりて、この恩恵を受けている方々に代わって、心から御礼申し上げます。（日本のエンマヌエル協会の協力者宛）

＊十万円（二十ミサのインテンシオネス）は確かに受け取りました。この恩恵を受けている姪は、目下腎臓透析を受けています。左足を切断するはずでしたが、その日は手術を受けねばならない方が多く結局彼女は外れてしまいました。それが幸いして、二年前にお世話になった外科医が家に行って治療することになっております。治ればと祈っております。この姪に代わって、心からお礼申し上げます。（冷水義美神父宛）

あとがき

加藤神父に関わる本を書いてみようと思い立ったのは、全くの偶然と言っていいかも知れない。ある時、些細なことで妻と口げんかになり、むしゃくしゃして妻とも口を利かずに数日を過ごした。いっそのこと出て行ってしまえと思い、とっさに加藤神父が手がけている老人ホームに逃避することが頭をよぎり、すぐに家から歩いて二十分くらいの教会に行った。

加藤神父に面会して、老人ホームでボランティアとして働きたい希望を伝えたところ、老人ホームの施設長の了解が必要と言われた。数日後、施設長に面会して了解を得ることができた。筆者は介護の資格も経験もなかったため、辛うじて雑用係として働けることになった。

老人ホームは敷地が約七千平米ある。その中には多くの建物があり、庭や畑だけでなく、二千平米の運動場もある。さらに多種多様の生き物も飼育していて、雑用係としての仕事量は結構ありそうであった。

ボランティアとして働きながら、加藤神父と接する機会が何度かある内に、神父は何故このような事業を手がけたのかと不思議に思うようになり、神父の生き方に興味を抱くようになった。

ボランティアを始めて数か月経った頃、神父の歩まれた人生を一冊の本にできないかという思いが脳裏をよぎった。だが、神父と筆者は深い間柄でもなく、老人ホームの運営に当たっている日系人幹部の中にも知り合いがいなかった。はた目には、ただ一人の年寄りの日本人がボランティアとして働いているくらいの存在であった。

月日が経つにつれて、本を書きたいという思いはさらに嵩じてきた。そこで、加藤神父に近づくために信頼を得ようと心に決め、黙々とボランティア活動を続けた。そして、およそ十一か月が経過し、やっと老人ホームの関係者とも意思の疎通を図ることができるようになったのを見計らって、神父と最も懇意にしていたエンマヌエル協会理事・田畑フロレンティーノ氏を通じて、神父に伝記を書きたい旨を打診してもらった。

筆者は、すでに日本語で伝記が出版されているのだろうと半ば諦めていたが、そうでないことがわかり、驚くと共に嬉しさがこみあげてきた。というのも、フジモリ氏が大統領になった時には、日本語で出版された多くの本を目にしたことがあったからである。

神父は行動に移すのが早い人で、さっそく都合を勘案してくれて、口述筆記をすることになった。多忙の中で時間を割くため、一週間に一回日曜日の午前中に一時間半から二時間程度、場所は教会で行うことになった。いよいよ口述筆記を始めた時は、本当に有頂天の思いで、毎週日曜日に加藤神父に会いに行くのが楽しみでならなかった。

筆者は、神父が頭脳明晰であることに驚かされた。口述筆記をしたのは八十九歳から九十歳にかけてであったが、自分が生まれた時からの年代を年月までちゃんと覚えていた。

歯がゆい思いをしたのは、神父の慎重さというか、正確さを期す態度だった。一度口述した部分はパソコンで文章にしたが、次週にそれを読み直して、訂正や加筆をするのである。「文平さん、ここはこういう表現に改めましょう」とか、「これを付け加えましょう」と言って、なかなか前に進まない。筆者としては、内容は大まかでいいから、早く先まで語って欲しかった。だが神父としては、自分の年齢のことなどには無関心で、とにかく正確な一代記を遺したかったのだと思う。

しかし、口述筆記が順調に進んでいた最中、神父が体調を崩された。病状は一進一退をくり返し、ついに二度と帰らぬ方となった。そのため、二十八歳ごろまでで口述筆記は中止となってしまい、大きなショックでお先真っ暗になった。

口述筆記で、もっと多くを語ってもらっていれば、より完成された内容となったことであろう。そう思うと、冒頭で記した「妻との喧嘩」をもっと以前にしていればと、また老人ホームでボランティアを始めると同時に勇気を出して「伝記を書かせて下さい」と直訴していたらと、今となっては悔やまれる。

ペルーの日系人の中で、加藤神父のような人が出現したのは、言い表しようのない不思議さを感じる。フジモリ氏は「ペルーを変える」と言って、国民の期待を一身に背負って彗星のごとく大統領になったのである。ところが時が経つにつれ、その初志は思わぬ方向にいき、最後は自分の理想とはかけ離れた獄中生活を余儀なくされる身になっている。これは一般のだれしもが歩みかねない人生でもある。つまり、初志を最後まで貫けない人生であり、これが当たり前の生き方ともいえる。

ところが、加藤神父は三つ子の魂百までの譬《たと》えを、地で行く人生を最後まで貫き通したという点で常人とは違い、おまけにその志が貧しい人に尽くしたいという崇高なものであった。これらのことを鑑み、「ペルー日系人社会における至宝」という言葉を贈りたい。

群盲象を撫でる譬えではないが、いろいろな角度から加藤神父像を描いてみた。それを改めて簡潔に追ってみよう。

神父は極貧の中で幼少期を過ごしたが、子どもは貧しかろうが恵まれていようが、貧富の差を自覚できるだけ脳は発達しておらず、毎日がいかに楽しいかが人生である。そんなことで、神父も自分が貧しい環境に置かれているという思いは全然なく、健やかに幼年期と少年期を過ごしている。

カナダ留学を終えて意気揚々とリマに戻り、心はローマへの留学でいっぱいであった。ところが、ところがである、ペルー政府は神父にローマ行きの許可を与えなかったのである。神父は「何故、何故」と自問したことであろうが、想像するに、敵性日本人の子ども（子孫）である加藤神父の自由は剥奪すべきである、と思った政府要人がいたためであろう。敗戦後すでに十年近く経ってのこの仕打ちである。

　窮余打開の一策として、カナダ管区長を通じてローマ教皇庁のリマ大使館を動かし、この措置の撤回に奔走してもらうことも可能であったろうが、いち留学生の身では、その働きかけを行うだけの知恵も勇気もなく、神父はやむを得ずローマ行きを断念せざるを得なかった。

　神父にとって、この仕打ちが生涯にわたりつき纏ったであろうことは想像に難くない。

　その時点で、神父はローマというカトリックの最高学府で自分を完成させる夢を諦めた。つまり、学歴や階級の世界に身を置くことに決別して、母親が実践していたように貧しい人に寄り添って生きていく決心をした瞬間であり、三つ子の魂百までの始まりであった。

　日系人社会ではおらが大将の神父であっても、一歩日系人社会から外に出て階級社会に身を置かざるを得なくなると、いち神父の扱いを受けることになった。とくにカトリックの階級社会では、それが著しかった。神父が精魂込めて手掛けた慈善事業が、ある手違いでカトリックの上部組織に手放さざるを得ない羽目になったのも、加藤神父が蟷螂の斧のような存在であったからだろう。それもこれもすべては、ローマという最高学府での自分の完成を挫折せざるを得なかったことに起因している。

　ローマ行きを断念した瞬間が、加藤神父にとっての人生最大のターニングポイントであったと思う。それからずっと後になってローマに滞在した時に、教皇から直々にローマに残るように要請された時も、決心は揺らぐことはなく、教皇にはペルーに戻って民衆の布教に努めたいと言って、ローマに残ることを断った。

　ペルーでの布教に携わっている時、日本では「おもしろい神父」とか「名物神父」というような評判がたったそうである。筆者はこの話を耳にした時、ここまで名誉を捨てても初志を貫いているのかと、その崇高さに心が打たれた。というのも、貧しい人を助けるのは、最終的には金銭であり、聖職者が金銭を面と向かって言うのは憚《はばか》られるところだが、神父はそれをあからさまに口にしたので、一風変わった神父像を日本人に植えつけたのかもしれない。手段はどうであれ、貧しい人々を助けたいというひたむきな心情がひしひしと感じられる。

加藤神父の語学の才能がとびぬけているのを垣間見たのは、神父の遺品整理をしていたらフランス語で書かれたカナダとの通信文をいくつも目にしたことである。もちろん、日本語での通信文は数えきれないほどあり、本書にはその一部を「付録　語録」として掲載しておいた。こと日本語に関しては、流暢《りゅうちょう》に日本語をあやつる日系人は多いが、日本語でこれほどの書き物ができるのは、おそらく神父をおいてほかにいないだろう。

ラテン語でも通信ができたであろうが、交信できる相手がいなかったので残っていない。さらにラテン語については、カナダ留学中にフランスを除くヨーロッパから来た教授たちがフランス語が下手なので、むしろラテン語で授業をして欲しかったと言っていることでもその能力を窺い知ることができる。

本書をまとめるにあたり、クレアリー寛子氏が参画してくれたが、彼女との出会いは劇的であった。彼女の協力がなければ、本書はただの資料集め程度の本で終わり、それが出版にまでこぎつけたとしても、誤謬《ごびゅう》の多いものとなっていたであろう。

そもそもの出会いは、偶然にも加藤神父の遺品整理に立ち会うことになり、整理中に寛子氏が構成・解説をした本に出会ったことだった。それは、ペルー日系人で先の戦時中に米国へ強制収容され、日本へ送還された松浦喜代子氏の自叙伝「おてちゃん一代記」であった。

松浦氏はリマ日本人学校では加藤神父の先輩にあたり、良き知人であった。そのため、高齢であった松浦氏に代わり、二〇〇四（平成十六）年に寛子氏がペルーを訪問し、加藤神父にその本を贈呈した。加藤神父は、お礼として寛子氏にエンマヌエルホーム、老人ホーム、また当時建設中だった診療所の敷地を自ら案内した。

筆者が何社かの自費出版社と交渉に当たっていたが、一向にことがうまく進まず、困り果てていた。そのような時に、寛子氏の存在が頭をよぎり、フェイスブック経由で運良く連絡が取れ、無理を承知で筆者の窮状を伝えたのである。

すると、すぐ寛子氏から返事がきて、筆者の本の校正と編集を引き受けてもよいと回答をいただいた。渡りに船と有頂天になって、すべてのことを寛子氏にお願いすることにした。

寛子氏の一年近くにわたる献身的な協力のお陰で、素人の本がどこへ出しても恥ずかしくない一代記として完成したのである。筆者が産みの親で、寛子氏が育ての親のようにして、本書は陽の目を見たもので、寛子氏に足を向けて寝られないほどの恩を感じている。

寛子氏も、天上の加藤神父が我々二人を結び付けてくれたのだろう、という啓示のようなものを感じたとのことだった。寛子氏は教育者の家系に生を受け、育ちの良さが目立ちどのような文書の変更を押し付けても快く引き受けてくれた。ただ、本書の編集であまりにも貢献度が大きいので、共著ということでの出版を提案したのだが、筆者が加藤神父と交わした約束を重視され、あくまで裏方に徹したいとのことで残念ながら固辞された経緯がある。

カトリック信徒でもない二人が加藤神父の一代記を執筆するという巡り合わせも不思議な縁である。

本書の執筆を終えるにあたり、この項を借りて協力していただいた方々にお礼を申し上げたい。

まず、田畑フロレンティーノ氏である。加藤神父への渡りをつけてくれたのも、途中で執筆を断念しようかと挫折しかけた時に「最後までやり遂げなさい」と発破をかけてくれたのも田畑氏だった。分からないことに出くわした時には、どんなことでも懇切丁寧に説明をしてくれた。存命中の二世の中では生き字引のような人である。もし田畑氏の厚意がなければ本書の完成はおぼつかないものであったろう。

また、多忙をも厭わずインタビューに応じてくださった方々、「加藤神父の思い出」に寄稿してくださった方々、掲載写真を提供してくださった方々は、筆者の知らない加藤神父像を示してくれた。それらを集めたものが本書の中核をなしていることに謝意を表したい。

特に、上田良光先生、山崎崇氏、渡邉浩平氏と野口忠行画伯が、多くの資料を準備してインタビューに応じてくれた恩は忘れ得ない。さらに野口画伯には表紙の絵に加藤神父を描いた作品の転用を快諾していただき、心から感謝を申し上げたい。

最後に謝辞を伝えたいのは、三井金属鉱業（株）でペルー支社長の職の傍ら、高橋是清《これきよ》のペルーにおける銀山投資について詳解した『銀嶺《ぎんれい》のアンデス』を著した五味篤《あつし》氏である。本書の執筆に関わる貴重なアドバイスをいただいた。五味氏の助言で、神田の古本屋街を漁って歩き、十冊くらいの伝記本を買ったこともあり、これらが貴重な編集の参考となった。

加藤神父が手がけた社会事業が、砂漠に埋もれてしまわないように、今後とも書き物によって、微力ながら貢献できたらという思いを抱きつつこの筆を終える。

二〇二〇（令和二）年　大塚文平　リマ

参考文献

Juan Julio Wicht Rossel『Rehen Voluntario: 126 Dias En La Residencia del Embajador del Japon』Extra Alfaguara 一九九八年、リマ
Libro Tokushima『90 ANOS DE HISTORIA DE LA MISION CATOLICA JAPONESA EN EL PERU』 一九八九年
Juan Tokushima『110 ANIVERSARIO DE LA INMIGRACION JAPONESA AL PERU Y LA IGLESIA CATOLICA』 二〇〇九年
Juan Tokushima『90 AÑOS DE HISTORIA DE LA MISIÓN CATÓLICA JAPONESA EN EL PERÚ』二〇〇七年、リマ
「Peru」Statesman's Year Book. London: Macmillan and Co. 一九二一年
『私が愛する日本』文芸春秋 特別版 八月臨時増刊号 二〇〇六年
加藤正美 「日本見たまま感じたまま（七カ年の日本生活）」 秘露新報 一九六二年四月二十四日 第三五八〇号～一九六二年五月十五日 第三六〇〇号（十五回連載）
曽野綾子 『生きて、生きて、生きて 愛の極みまで』 海竜社 二〇〇八年
曽野綾子 『神さま、それをお望みですか』 文春文庫 一九九九年
曽野綾子 『朝はアフリカの歓び』 文春文庫 二〇一四年
松浦喜代子 『おてちゃん一代記』 論創社 二〇〇三年
伊藤力・呉屋勇編著 『在ペルー邦人七十五年の歩み』ペルー新報社 一九七四年
五十周年記念誌編纂委員会 『喜ぶ人と 共に喜び 泣く人と共に泣く』カトリック所沢教会 二〇〇五年
日本人ペルー移住八十周年祝典委員会 『アンデスへの架け橋』 一九八一年
芝生瑞和 『フジモリ大統領とペルー』 河井書房新社 一九九一年
佐藤要一訳 『アシジの聖フランシスコ』ドン・ボスコ社 一九七九年
岸田秀訳 『大統領への道』中央公論社 二〇〇三年
中見利男 『聖書のすべて』日本文芸社 二〇〇〇年
エンマヌエル協会 『Asociacion Emmanuel』リマ 二〇〇三年
宮里エンリケ『Andando 75 anos por los caminos del Peru』ペルー新報社 二〇一四年
桜井進編 『在秘同胞年鑑』一九三五年 日本社（リマ）
太田宏人編 『慈恩寺位牌リスト』 二〇〇一年
坪居壽美子 『かなりやの唄』 連合出版 二〇一〇年
飯塚武文 「麻布大学東京同窓会百年史 同窓会と人間関係の継り」 二〇一五年十一月八日
町田宗博 「第二次世界大戦前のペルーにおける日本人同業者組合の設立」 琉球大学法文学部紀要『人間科学』 二〇一七年九月 第三十七号

ラテンアメリカ協会編　『日本人ペルー移住の記録』　一九六九年
リマ日本人学校創立五十年周年記念誌編集委員会　『リマ日本人学校創立五十年周年記念誌』　一九七〇年　リマ
鹿児島純心女子学園編　「鹿児島純心高等女学校設立に至る鹿児島のカトリック高等女学校の変遷」　二〇一九年五月
山脇千賀子　「第二次世界大戦前後のペルーにおける日系社会とキリスト教：金城次郎日記を導き手として」『移民研究』　二〇一五年二月　第十号
ラウル・アラキ　「*Coreanos y japoneses en el Perú: Religión, inmigración y comunidad.*」ディスカバー・ニッケイ　二〇〇七年十二月十九日
増田義郎、柳田利夫　『ペルー太平洋とアンデスの国』　中央公論新社　一九九九年
八木百合子　「サンタ・ロサ信仰の形成と発展―二〇世紀ペルー社会における展開を中心に」総研大文化科学研究科編集委員会編　『総研大文化科学研究』　第五号　二〇〇九年三月一九日
池田敏雄　『人物による日本カトリック教会史』　中央出版社　一九六八年
平山久美子　『大島高等女学校の創立・運営に携わった宣教師達の横顔Ｉ　―カリキスト・ジュリナ（帰化名：米川基）師―』　鹿児島純心女子短期大学江角学びの交流センター地域・人間・科学　第十二・十三号　二〇〇九年三月
アントニオ平秀應　『宣教師たちの遺産・フランシスコ会カナダ管区』　フランシスコ会アントニオ神学院　一九八八年
「日本カトリック海外宣教者を支援する会」会報誌『きずな』　第二十号　一九八七年
福井千鶴　「貧困が招く児童虐待の現状（ペルーにおける児童虐待の現状）」『高崎経済大学論集』第四十九巻第二号　六三〜七五頁　二〇〇六年
山本遼　『HOGAR EMMANUEL（エンマヌエルホーム）視察報告書、一九九五年一月九日〜十九日』　カリタス・ジャパン事務局　一九九五年
『カトリック教報』　第一〇三二号　二〇一五年十月一日発行
カリスト・スイニ　『日本のフランシスコ会一五九三〜二〇〇七』　フランシスコ会日本管区、二〇〇七年

写真出典

加藤神父の遺品（1、3、4、8、14、15、16、18、19、20、21、22、25、26、27、28、29、30、31、32、33、34、35、37、45、46）
前掲、Juan Tokushima、二〇〇九年（5、6、7、13）
前掲、エンマヌエル協会、二〇〇三年（23）
ペルー新報切り抜き、年代不詳（17）
梅津留美氏（9）
林麻里子氏（38）
渡邉浩平氏（44）
クレアリー寛子氏（24）
牧千恵子氏（39、40、41）
筆者（2、10、11、12、36、42、43、44、47、48、49、50）

年　表

西暦	和暦	ペルー・日本・世界	加藤家	年齢
1873	明治 6	8月　日本ペルー和親貿易航海仮条約を締結		
1886	明治 19		5月24日　加藤忠作出生	
1889	明治 22	2月　大日本帝国憲法発布		
1890	明治 23	1月　高橋是清が日秘鉱山会社の調査のためペルーに来るが成果なく日本へ戻る	4月8日　飯田ぶの出生	
1899	明治 32	2月27日 佐倉丸で790名の日本人移民が横浜を出港、4月3日 カヤオ入港		
1914	大正 3	7月　第1次世界大戦が勃発		
1917	大正 6	ペルー中央日本人会発足		
1918	大正 7		6月19日　加藤忠作・ぶの結婚 7月26日　忠作・ぶの、紀洋丸で横浜を出港 9月15日　カヤオ港に到着、パラモンガ耕地に入植	
1919	大正 8	10月　アウグスト・レギア大統領就任（～1930）		
1920	大正 9	11月 里馬日本人学校（リマ日校）設立		
1921	大正 10		11月1日　忠夫（長男）誕生	
1923	大正 12	9月　関東大震災		
1924	大正 13	7月　米国で排日移民法が通過 9月　日本ペルー修好通商条約に署名		
1926	大正 15		3月1日　正美（次男）、ヨシ子（長女）誕生	1歳
1929	昭和 4	世界恐慌発生		
1930	昭和 5	7月　日系人主体のコミテ・サン・フランシスコ創立		
1931	昭和 6	8月　レギア大統領がサンチェス・セロのクーデターで退陣し、サンチェス・セロが大統領に就任（～1933） 9月　満州事変		
1933	昭和 8	3月　日本が国際連盟を脱退 4月　サンチェス・セロ大統領が暗殺され、オスカル・ベナビデスが大統領に就任（～1939）		
1934	昭和 9	10月 日本ペルー修好通商条約廃棄	3月　リマ日校に入学	8歳
1935	昭和 10	6月 移民ならびに営業制限に関する大統領令		
1939	昭和 14	9月　第2次世界大戦勃発 12月 マヌエル・プラド大統領に就任（～1945）	12月　6年生を終業する	13歳
1940	昭和 15	5月　リマで排日暴動・大地震発生 8月　二世カトリック修養会創立 9月　日独伊3国同盟調印	12月　7年生を終業しリマ日校を卒業	14歳
1941	昭和 16	12月　太平洋戦争勃発、日ソ中立条約締結	4月12日　米川ウルバノ神父の司式でカトリックの洗礼を受け、ラ・サール中学校に入学	15歳

西暦	和暦	ペルー・日本・世界	加藤家	年齢
1942	昭和 17	1月　ペルーが日本と国交断絶 4月　敵性資産管理法施行、日本人所有資産の凍結。米国で日系人の強制収容開始		
1943	昭和 18		3月23日　サント・トレビオ小神学校に入学後、クラレチアーノ神学校にも通うようになる。	17歳
1945	昭和 20	2月　ペルー、対日宣戦布告 4月　ドイツ、連合国に無条件降伏 6月　ペルー政府、リマ日校含む日本人学校6校を接収 8月　広島・長崎に原爆投下。日本がポツダム宣言を受諾し太平洋戦争が終結 10月　国際連合成立	小神学校卒業、カナダ留学が認められず、リマの大神学校で1年間哲学を学ぶ	19歳
1946	昭和 21	5月　臣道連盟がブラジルからペルーに入国	カナダ留学の許可が下りる	20歳
1947	昭和 22	5月　日本国憲法施行 6月　日本人集会禁止令と日本語使用禁止令が解除	5月11日　カナダに出発 5月12日　モントリオールに到着、大神学校で3か月間フランス語を学ぶ 8月1日　シェルブルック修道院に移る	21歳
1948	昭和 23	10月　クーデターによりマヌエル・オドリアが大統領に就任（～1956） 12月　極東裁判で東条英樹等の死刑執行	8月12日　ケベックの大神学校の哲学院に移り、そこで2年間哲学を学ぶ	22歳
1949	昭和 24	4月　北大西洋条約機構結成 10月　中華人民共和国成立	6月27日　父親忠作が他界	23歳
1950	昭和 25	6月　朝鮮戦争勃発	ケベックよりモントリオールのローズモント大神学校に移り、哲学を中心に勉学	24歳
1951	昭和 26	7月　『秘露新報』創刊 9月　サンフランシスコ平和条約締結		
1952	昭和 27	6月　ペルー、日本との国交回復		
1954	昭和 29	4月　日秘文化協会設立	6月　カナダより帰国 6月29日　初の日系人司祭として叙階。ローマに留学を希望するが、ペルー政府に出国を拒否される	28歳
1955	昭和 30	3月　日本人の資産凍結解除 5月　ワルシャワ条約機構結成 9月　ペルー中央日本人会復活	1月5日　日本に向け出発する 1月26日　横浜港に到着、田園調布の修道院に投宿 上智大学の哲学科に聴講生として入学 11月　浦和の修道院に異動	29歳
1956	昭和 31	7月　スエズ動乱が勃発 7月　プラド大統領に就任（～1963） 12月　日本、国連加盟	4月　横浜の小神学校に異動し、学生の霊的指導にあたる	30歳
1957	昭和 32	5月　在日ペルー公使館、大使館に昇格 10月　ソ連、人工衛星打ち上げ	2月　浦和教会に異動、小教区の助任、幼稚園の園長代理、教区長の秘書。夜は求道者に公教要理を講義する	31歳
1958	昭和 33		2月　横浜の修道院に院長として転勤。休暇を利用して長崎を旅行する	32歳
1959	昭和 34	1月　キューバにて革命政権が樹立 4月　皇太子ご成婚、ペルーへの日本人移民60周年記念祝賀会開催	2月　大阪のカトリック系の女子高校にチャプレンとして4月まで勤務 4月　上智大学の法律科に籍を移す。東京のカトリック聖母病院で霊的指導を行う 4月11日　米川ウルバノ神父は重病のためカナダに帰国 10月　田園調布の修道院に戻る	33歳

西暦	和暦	ペルー・日本・世界	加藤家	年齢
1960	昭和 35		北海道の札幌カトリック病院と短期大学で黙想の指導を行う。この機会を利用して北海道旅行をする 北浦和の修練院の修練長、のち田園調布の修練院の修練長を拝命する	34 歳
1961	昭和 36	5 月　マヌエル・プラド大統領が訪日 12 月　日本ペルー通商協定締結		
1962	昭和 37	7 月　軍事クーデターでプラド政権倒れる	ローマに一時的に行く	36 歳
1963	昭和 38	7 月　フェルンンド・ベラウンデ大統領に就任（～1968）		
1964	昭和 39	ペルーで農業改革始まる 10 月　東京オリンピック		
1965	昭和 40	2 月　米、ベトナム北爆開始 7 月　戦時中接収の日系人学校の代償にサン・フェリペ競馬場跡地の 1 万平米が中央日本人会に譲渡される 8 月　日秘文化会館建設の定礎式	2 月 22 日　米川ウルバノ神父、帰天 6 月　ルイス・マルティネス神父ペルーに来る（1999 年までペルーに滞在）	39 歳
1966	昭和 41	中国　文化大革命起こる	六本木の修道院に異動	40 歳
1967	昭和 42	5 月　日秘文化会館完成 6 月　第 3 次中東戦争勃発	栃木県小山市のカトリック教会に移り、信徒の霊的指導を行う	41 歳
1968	昭和 43	10 月　フアン・ベラスコがクーデターを起こし、軍事政権成立	ペルー外務省から在東京ペルー大使館の文化参事官に任命される。小山カトリック教会の職を辞して、東京の女子修道会が運営する学校のチャプレンをしながら、ペルー大使館の任務を行う	42 歳
1969	昭和 44	6 月　農地改革法制定	ペルーに一時帰国して母親の世話をする	43 歳
1970	昭和 45	5 月　中部沿岸で大地震発生、死者 5 万人負傷者 80 万人 ペルー共産党がセンデロ・ルミノソ（輝ける道）を名乗る		
1971	昭和 46	8 月　日本領事館が日系人実態調査を行う、日系人 4 万 5 千人、日本国籍所有者 7 千人	日本に再来日し、カトリック学校のチャプレンをする 6 月 17 日　母親ぶの、他界	45 歳
1972	昭和 47	5 月　沖縄、日本復帰 7 月　ペルー、キューバと外交関係を締結		
1973	昭和 48		ローマに 1 年間滞在する。その後ベルギー・ブリュツセルに移る。第 2 バチカン会議に基づく新たな修道生活を研究し、日本に永住する覚悟でいた	47 歳
1975	昭和 50	7 月　沖縄海洋博 8 月　モラレス・ベルムーデスによるクーデター発生、大統領に就任	ベルギーより日本に戻る	49 歳
1976	昭和 51		日本よりペルーに戻り、日系人の布教に携わる。ルイス・マルティネス神父と再会し、2 人で 5 年間かけて西和辞書を編纂する	50 歳
1978	昭和 53	10 月　日中平和友好条約批准	沖縄の言葉を話せるシスターを探しに沖縄へ行く	52 歳
1979	昭和 54	日本外務省調査により、在ペルー日系人は 7 万 1 千人	日本人移住 80 周年記念行事を行う	53 歳

西暦	和暦	ペルー・日本・世界	加藤家	年齢
1980	昭和 55	5月　17年ぶりにペルー総選挙実施 7月　第2次ベラウンデ政権発足 センデロ・ルミノソのゲリラ活動開始 9月　イラン・イラク戦争起きる	日系人シスター当銘クララ、リマ日校同窓生、一世有力者と共に、ストリートチルドレンの収容施設建設を計画	54歳
1981	昭和 56	3月　ヘスス・マリア日秘診療所完成 7月　ペルー日本人移住史料館落成	2月15日　兄加藤フアン・マヌエル忠夫、他界 加藤神父の事業計画を支援する二世を主体のエンマヌエル支援会が発足	55歳
1983	昭和 58	1月　ロッキード裁判開始	4月3日　エンマヌエル養護施設（エンマヌエルホーム）定礎式 9月19日　エンマヌエルホーム落成式	57歳
1985	昭和 60	7月　アプラ党のアラン・ガルシアが大統領に就任 トゥパック・アマル革命運動（MRTA）が結成される	シスター斎藤エステルがリマに来る。養護施設の資金調達のためカナダ・米国・スペイン・日本に「托鉢の旅」を始める	59歳
1986	昭和 61	4月　チェルノブイリ原発事故	養護施設の第2期工事が完成	60歳
1987	昭和 62	東京銀行リマ支店長やペルー日産工場がテロの襲撃を受ける		
1989	平成元	1月　昭和天皇崩御	8月18日　エンマヌエルホームを日本移住90周年を記念して、ペルー国民に贈呈する	63歳
1990	平成 2	7月　アルベルト・フジモリが大統領に就任	9月17日　エンマヌエルホームの一画に診療所を建設	64歳
1991	平成 3	7月　国際協力事業団（JICA）の日本人職員3名がワラルでテロにより襲撃され死亡する		
1992	平成 4	3月　フジモリ大統領国賓として訪日 4月　ペルーで憲法停止、国会閉鎖などの非常事態宣言 11月　選挙による制憲議会を設置	日本政府による診療所の拡充と医療器材を供与。プエンテ・ピエドラ区の比嘉ルイス区長が3千坪の土地を寄付	66歳
1993	平成 5	10月　国民投票で大統領再選を盛り込んだ新憲法法案が承認される	9月27日　エンマヌエル支援会がエンマヌエル協会として、ペルー政府より法人として認可を受ける	67歳
1994	平成 6		エンマヌエルホームの屋上に約100人が収容できる黙想の家を建て増す	68歳
1995	平成 7	1月　阪神淡路大震災 3月　地下鉄サリン事件発生 4月　フジモリ大統領再選される		
1996	平成 8	6月　ペルーに潜伏中の赤軍派の吉村和江を発見、国外退去処分後に逮捕 12月17日　MRTAが日本大使公邸を占拠。「日本大使公邸人質事件」発生	日本政府、呼吸器疾病及び肺結核プログラムのための医療器機を供与 11月　日本にて「エンマヌエル子どもを考える会」の設立	70歳
1997	平成 9	4月　ペルー軍が日本大使公邸に突入、人質を解放		71歳
1998	平成 10	10月　エクアドルとの国境問題が最終合意	7月6日　5時間におよぶ心臓および下腹部の手術を行う	72歳
2000	平成 12	5月　フジモリ大統領、再選されるも、11月に日本よりペルー国会に辞表提出	老人ホーム建設の定礎式	74歳
2001	平成 13	9月　米国同時多発テロ事件発生	老人ホーム落成式	75歳
2003	平成 15	3月　イラク戦争開戦	7月　新診療所の建設に着手 養護施設創立20周年記念行事	77歳

西暦	和暦	ペルー・日本・世界	加藤家	年齢
2004	平成 16	10月　新潟県中越地震発生	6月29日　司祭50周年記念 10月24日　新診療所開所 11月29日　栃木県小山教会創立50年行事に出席	78歳
2005	平成 17	3月　愛知万博開催	8月20日　新診療所の2階部分の建設に着手	79歳
2006	平成 18	12月　イラクのサダム・フセイン元大統領死刑執行	1月24日 ローマから浜尾枢機卿がリマに来て、新診療所の落成式を行う 12月31日　武蔵境の赤十字病院にルイス・マルティネス神父を見舞う	80歳
2007	平成 19	7月　新潟県中越沖で地震発生 8月　イカで地震発生、524人死亡、日系人も被害にある	2月　妹の長女（フアナ）がひどい糖尿病に罹る 3月7日　マルティネス神父、帰天	81歳
2008	平成 20	8月　北京オリンピック開催	4月2日　養護施設内のコンピューター教室の開所式 9月18日　養護施設創立25周年行事、協力者に感謝状を贈る 11月17日　加藤神父は慈善事業の貢献が認められ、社会貢献支援財団より社会貢献者表彰、ならびに副賞として日本財団賞を受ける	82歳
2009	平成 21	1月　バラク・オバマ第44代アメリカ合衆国大統領に就任	養護施設では、男子12歳から男子専用施設に移し、女子は18歳まで預かる 10月4日　心臓が5分間停止する 11月15日　大腸のガン腫瘍の摘出手術を受け、手術後翌年5月まで老人ホームで療養 12月3日　日本大使公邸で叙勲伝達式に出席	83歳 83歳
2010	平成 22	2月　チリ地震発生	2月3日　神父の妹（ヨシ子）が他界 心臓科の医師の勧めで神父は毎日2キロメートルの歩行を行う 診療所の創立20周年記念を内輪で行う	84歳
2011	平成 23	2月　エジプトのムバラク政権崩壊 3月　東日本大地震発生	3月17日　東日本大地震のミサがサン・アントニオ・デ・パドゥア教会で行われる。大統領夫人、日本大使他千人以上が出席	85歳
2013	平成 25		10月6日　老人ホーム新館落成式	87歳
2014	平成 26	消費税が5%から8%に増税	1月28日　秋篠宮ご夫妻が老人ホームを視察 8月28日　養護施設を正式にカヤオ司教区に引き渡した	88歳
2015	平成 27	11月　パリ同時多発テロ事件発生	7月26日　姪のフアナが他界	89歳
2017	平成 29	6月　大統領決選投票でフジモリ・ケイコ氏が敗北、クチンスキー元首相が勝利	1月6日　加藤神父、帰天	90歳
2018	平成 30	9月　北海道胆振東部地震発生	1月6日　加藤神父の1周忌のミサを行う 3月21日　東京六本木のフランシスコ会の教会で1周忌の追悼ミサを行う	

索　引

J
ＪＩＣＡ, 136, 139, 196, 205
ＪOMAＳ, 129, 130, 131
あ
青木正, 19
アバンカイ通り, 22
アブラン神父, 149, 150, 151, 153
アマゾン, 35, 149, 151, 153
アラン・ガルシア, 137, 148, 199
有馬ローサ, 104
アルソビスポ・ロアイサ病院, 49
い
イエズス会, 61, 91, 94, 96, 209, 219
池田徳子, 104
池宮城秀長, 104
う
浦上の天主堂, 73
浦和市, 65, 70, 71, 74
ウルバノ・マリア・クルティエ, 28, 29, 30, 31, 32, 50, 53, 54, 83
え
エミリオ・リッソン, 29
エンマヌエル協会, 104, 110, 122, 123, 124, 126, 127, 132, 133, 138, 139, 140, 141, 145, 146, 151, 153, 155, 161, 200, 201, 202, 204, 206, 215, 218, 220, 222
エンマヌエル子どもを考える会, 122
エンマヌエル支援会, 101, 103, 104, 107, 110, 111, 123, 138, 201, 203
エンマヌエル総合診療所, 122, 123, 127, 128, 131, 136, 152, 158
エンマヌエルホーム, 105, 108, 124, 128, 138, 139, 140, 141, 142, 144, 147, 150, 196, 197, 201, 202, 203, 205, 206, 208, 214, 216, 217, 220, 226
エンマヌエル養護施設. → エンマヌエルホーム
お
大島高等女学校, 28
沖縄県人, 99, 100, 132
オキナワ第二移住地, 97
オコパ, 35
小山市, 83, 199
か
海外邦人宣教者活動援助後援会. → JOMAS
カエターノ・シコグナニ, 29
樫谷伊勢雄, 18, 24, 25, 26, 27
柏原ローサ, 104
片岡哲夫, 83
加藤
　作蔵, 13
　忠夫, 15, 48, 51, 84, 211
　忠作, 13, 14, 15, 16, 19, 21, 22, 26, 30, 48
　つき, 13
　ぶの, 13, 14, 16, 17, 23, 24
　正美（マヌエル）, 15
　ヨシ子, 15, 155
我那覇郁子, 132
カニエテ, 16, 37
金本アナ, 104
カヤオ, 14, 27, 69
カリスト・ジェリナ, 28, 29, 30, 49, 50, 53
カリタス・ジャパン, 121
川下マヌエル, 104
き
教育八割制法, 21
強制収容所, 33
紀洋丸, 14, 16, 231
旭日双光章, 158
く
グスタボ・バルセナス, 151
久場千代, 99, 100
け
契約移民, 14, 16
ケベック, 46, 47
原子爆弾, 73
こ
国際協力機構. → JICA
五島, 73, 74
小波津エレナ, 104
小松谷ペドロ, 104
コミテ・サン・フランシスコ, 92
コラソン・デ・マリア教会, 112
コレヒオ・クラレチアーノ, 36, 37
コレヒオ・フェ・イ・アレグリア校, 152, 153
さ
在ペルー日本国大使館, 29, 121, 127, 128
在ペルー日本国大使公邸人質事件, 94
在ペルー日本国領事館, 33
坂猪ハイメ, 120
坂本博, 27

サケオ, 23
迫田フアナ, 155, 156
迫田フロル, 155
迫田ヨシ子. → 加藤ヨシ子（旧姓）
サザエさん, 79, 198
砂漠の一滴会, 151, 153
サパヤル, 116
サルバドール・ピニェロ, 163
サン・アントニオ・デ・パドゥア教会, 49, 92, 162, 203, 209, 211
サン・ペドロ教会, 91, 98, 209
山岳地帯, 31, 35, 102, 148
し
シェルブルック, 42, 44
上智大学, 60, 61, 66, 69, 76, 77, 78, 91, 96, 154, 156, 198
す
スータン, 38
須永広次, 18, 21
スルキーヨ, 33
せ
聖ウルスラ修道会, 112
聖体大会, 53, 54
聖フランシスコ, 34, 35, 163
聖母病院, 77, 78
関口教会, 113
セミナリオ・デ・サント・トリビオ, 32, 36, 37, 41
仙台, 112, 113
センデロ・ルミノソ, 102
セントロ地区, 91
センブランド, 199
そ
曽野綾子, 85, 129
た
第二次世界大戦, 90
太平洋戦争, 32, 38, 105
平良良松, 19
高野源太郎, 16
高橋安世, 18, 19
田熊アントニオ, 104, 123
田畑フロレンティーノ, 161, 162, 200, 201, 202, 222, 227
ち
チチャデホーラ, 16, 19
中央日本人会, 33, 209
チョコラターダ, 118, 135, 149, 153, 162
つ
「繕った心」修道会, 106
て
敵性資産管理法, 33
田園調布, 55, 58, 65, 78, 81
と
東北ペルー協会, 190, 196, 197
当銘クララ, 103, 105, 106, 107, 202
徳田節子, 99
所沢教会, 157, 179, 180, 198
土佐修造, 104
ドス・デ・マヨ病院, 26, 48
栃木県, 64, 65, 83
豊橋市, 13, 58
ドルチェスター修道院, 42
な
長崎市, 72, 73, 74, 83, 156
仲松フアン, 104, 106, 119, 123, 126, 143
ナンシー・コルドバ・デ・石原氏, 93, 208
に
二十六聖人, 72
西和辞書, 79, 96, 98
日秘劇場, 143
日秘文化会館, 124, 129, 200
日本財団, 85, 129, 130, 134, 196
日本人ペルー移住百周年記念病院, 161
の
ノグチ精神病院, 116
野口忠行, 154, 227
は
パシフィコ貯蓄信用協同組合, 127
畠山えり子, 150
パチャクテ地区, 148
パネトン, 119, 162
パラモンガ, 14
バランコ, 33
ひ
ピエトロ・フマゾ--ニ・ビオンディ, 30
比嘉ルイス, 106
ビクトリア区, 14, 15, 16
ビジャ・エル・サルバドール, 148
冷水義美, 156, 220
ピラール夫人, 137, 199
ふ
ファティマの聖母教会, 149
フアン・フーリオ・ウイッチ・ロッセル, 94
フェルナンド・オヘダ, 106, 120

プエンテ・ピエドラ, 106, 107, 116, 206
プエンテ・ピエドラ地区, 106, 107
フジモリ元大統領, 148, 196, 199, 222, 223
ブラジル通りにある養老院, 101
プラハの幼きイエズス修道女会, 103, 108, 111, 112, 138, 139, 140
フランシスコ会, 28, 32, 34, 35, 36, 40, 42, 45, 52, 61, 64, 65, 70, 81, 83, 92, 204, 209, 218, 219
フランシスコ大神学院, 47
フランシスコ大神学校, 42
文化参事官, 83, 84, 110
へ
ヘスス・マリア地区, 49, 91
ペルー新報, 85
ベルギー, 82, 84, 197
ベンタニージャ地区, 116, 200, 202, 206
ほ
北海道, 28, 79, 80, 81, 109, 199
ボリビア, 97
ま
マウロ・パジェホ, 164, 165
牧千恵子, 150
マドレ・フランシスカ, 29
マヌエル・オドリア, 52
マヌエル・プラド, 32
マラリア, 37, 39
マリア・イネス, 153
丸井イサベル, 104
丸井ヘラルド, 104, 210
マルティーナ・長谷川・デ・五十嵐, 85
み
ミ・ペルー, 116, 147, 150
ミゲル・イリサル・カンンポス, 149
宮崎カリタス, 97, 129, 132, 133
む
村上義温, 29
村田源次, 41, 42
も
黙想の家, 125, 139, 214
森江五郎, 21
森岡移民会社, 14
森谷ローサ, 104
モントリオール, 41, 42, 46, 52, 198
や
安井光雄, 110
山崎崇, 122, 227
山本遼, 121, 122, 163
よ
横瀬五郎, 18
横浜, 14, 51, 53, 54, 55, 69, 70, 71, 72, 74, 75, 163
吉開フアン, 104, 106
吉田茂, 50
与那原修道院, 99
米川神父たち, 28, 29, 30, 34, 36, 38, 40, 165
米川基. → カリスト・ジェリナ
米川正儀. → ウルバノ・マリア・クルティエ
ら
ラ・サール, 26, 28, 30, 31, 32, 38
らい病, 35, 69, 70
り
リマタンボ, 41
リマック地区, 163
リマ日校, 18, 20, 21, 26, 27, 28, 30, 31, 33, 54, 56, 147, 201
リマ日本人小学校. → リマ日校
リンセ地区, 22, 23, 24
る
ルイス・マルティネス, 91, 92, 93, 94, 95, 96, 98, 208, 209, 210, 211, 212, 213
ろ
老人ホーム, 85, 100, 109, 113, 118, 128, 129, 130, 131, 132, 135, 136, 137, 147, 156, 159, 161, 197, 200, 201, 202, 203, 206, 220, 221, 222, 223
ローズモント, 42, 47
ローマ, 29, 30, 44, 52, 53, 54, 76, 82, 84, 85, 98, 165, 223, 224
六本木, 83, 113, 197
ロヨラ・ハウス, 96
わ
脇田淺五郎, 51, 53
渡邉浩平, 78, 79, 82, 154, 156, 157, 158, 198, 199, 227
渡辺美和子, 150
ワンカヨ, 35

■著者　大塚 文平（おおつか　ぶんぺい）
1944（昭和19）年、山口県下関市に生まれる。神戸大学工学部卒。5年間の会社生活の後、南米を旅歩き、ペルー・リマで日系の会社に就職。その後、日本に戻り就職し、ペルーやエクアドルに派遣される。ペルー日系二世と結婚。日本政府の無償資金援助のリマ市ベンタニージャ地区上水施設工事に貢献し、1983（昭和58）年、ペルー政府より叙勲。その後、再度日本へ戻り転職し、2003（平成15）年にスペイン・カナリア諸島に派遣される。定年後、妻とペルーで余生を送り、現在に至る。本著が初めての執筆作。

■編修　クレアリー 寛子（くれありー ひろこ）
1972（昭和47）年、福島県生まれ。旧姓小澤寛子。1996（平成8）年、明治学院大学国際学部学士課程、1999（平成11）年、米国ウィスコンシン州立大学大学院人類学修士課程修了。翻訳家。ペルーへの日本人移民史を在野にて研究。2003（平成15）年、松浦喜代子著『ペルー日系人　おてちゃん一代記』（論創社）の企画・構成・解説を担当。2004（平成16）年、リマ訪問時に加藤神父と出会い慈善事業の現状を視察。2019（令和元）年、大塚氏から本書の企画を打診され、編修を担当。福島県二本松市在住。

■〈表紙〉『洗礼』野口 忠行（のぐち ただゆき）作
1938（昭和13）年、福岡県大川市に生まれ、武蔵野美術大学を卒業。1960（昭和35）年より画家としての活動を開始した。1981（昭和56）年からペルーにおける活動を始め、それ以来30回以上ペルーを訪問。ライフワークとしてアンデス地方のインディオの生活や風景を描き続ける。その日秘文化交流の功績が認められ、2011（平成23）年に「旭日双光章」叙勲。初めてペルーを訪れた時に加藤神父と出会った。それ以来、地元大川市でチャリティー展をして、趣旨に賛同する芸術家の作品を集めたり、個展を何度も開いたりして、加藤神父の慈善事業への援助を惜しみなく続けた。

炎の人　ペルー日系人　加藤マヌエル神父

2020年10月31日　初版第1刷発行

著　者　大塚　文平

発行所　日相出版
〒252-0328　神奈川県相模原市南区麻溝台8-2-7
電話 042-748-6020　FAX 042-748-6126
e-mail : nisso@nifty.com

発売元　揺籃社
〒192-0056　東京都八王子市追分町10-4-101
電話 042-620-2626　FAX 042-620-2616
e-mail : info@simizukobo.com

印刷所　株式會社　日相印刷

ISBN978-4-89708-440-4